女孩
青春期手册

子 晨 / 编著

白金版

北京理工大学出版社
BEIJING INSTITUTE OF TECHNOLOGY PRESS

版权专有 侵权必究

图书在版编目（CIP）数据

女孩青春期手册：白金版 / 子晨编著. — 北京：北京理工大学出版社，2014.7（2021.12 重印）

ISBN 978-7-5640-9187-3

Ⅰ.①女… Ⅱ.①子… Ⅲ.①女性—青春期—健康教育 Ⅳ.①G479

中国版本图书馆CIP数据核字（2014）第100421号

出版发行 / 北京理工大学出版社有限责任公司
社　　址 / 北京市海淀区中关村南大街5号
邮　　编 / 100081
电　　话 /（010）68914775（总编室）
　　　　　　82562903（教材售后服务热线）
　　　　　　68948351（其他图书服务热线）
网　　址 / http://www.bitpress.com.cn
经　　销 / 全国各地新华书店
印　　刷 / 三河市华骏印务包装有限公司
开　　本 / 710 毫米×1000 毫米　1/16
印　　张 / 15.5　　　　　　　　　　　　　　　　责任编辑 / 杨海莲
字　　数 / 168 千字　　　　　　　　　　　　　　文案编辑 / 杨海莲
版　　次 / 2014年7月第1版　2021年12月第27次印刷　责任校对 / 周瑞红
定　　价 / 29.80元　　　　　　　　　　　　　　　责任印制 / 马振武

图书出现印装质量问题，请拨打售后服务热线，本社负责调换

前 言

青春期，一个诗情画意的名字，一个听上去充满朝气与活力的词语。

青春期是每个人从幼稚向成熟迈进的关键时期，是身心迅速发展的时期，青春期的女孩们，无论是身体上还是心理上，都出现了剧烈的变化。

身体上——女孩们逐渐褪去了童气和幼稚，青涩的女性特征慢慢取而代之。

心理上——女孩们有了自己的小秘密，不愿与父母分享。强烈的独立意识也正在逐渐觉醒，她们渴望像成人那样拥有自己的自由，做自己想做的事情，说自己想说的话。

然而，处于转折时期的女孩们，处于半成熟半幼稚状态的你们，总是会面临着许多"边缘人"的无奈和困惑。因此，对于青春期的女孩子来说，青春期是人生最美丽的"花季"，但也会成为恼人的"雨季"。

成长总是懵懂的，或许还会跌跌撞撞。

在漫漫人生中，你必然要经历人生的种种第一次：第一次初潮；第一次心动；第一次叛逆……无数的第一次出现在你们的生活里，或甜，或酸，或苦，或涩。

但不管怎样，没有人能够替代，也没有办法能够逾越，这段复杂的心路历程，需要青春期的你们自己走过。

青春期的你们，只能独自承担内心的迷茫和困惑。生理上的成熟与心理上的脆弱形成强烈的矛盾，随之而来的是独立性与依赖性的矛盾，成人感与幼稚感的矛盾，开放性与封闭性的矛盾，克制性与冲动性的矛盾，理想与现实的矛盾等。这种种矛盾如果没有及时得到化解，就会形成严重的心理问题，阻碍青春期孩子的健康成长。

本书正是基于这种目的出现在青春期的女孩们面前，你们不用担心，也不需要独自承受。因为，有我们陪你们一起成长……

让我们和青春期的你们，一起走进这个神秘、充满迷茫、充满困惑、充满无数故事的青春岁月；让我们和青春期的你们，一起去解决青春期无论是身体上还是心理上出现的种种问题；让我们和青春期的你们，一起去迎接这个多事之秋的到来……

青春是人生的一个挑战、一个飞跃，也是一首乘着阳光飞翔的自由自在的歌，希望这本书能成为青春期的女孩们和家长的好帮手，为青春期女孩们开启一个崭新的世界！

最后，祝愿所有青春期的孩子们都能健康、快乐地成长，让"青春期的那些事儿"成为我们美好人生的一个音符，荡漾在美丽人生的旋律中。

目录 CONTENTS

第一章 Chapter 1
"神秘"敲开了青春之门

处于青春期的女孩常常会觉得自己发生了很多"奇怪"的变化，最明显的就是身体的变化，比如胸部鼓了起来，"大姨妈"来了，脸上长痘痘了，等等，面对这一切，你是否感到有些不知所措，是否感觉周围的同学变得越来越神秘了？

胸部，那些不能说的"小秘密"	2
流血了，我是不是生病了	10
恼人的痛经，疼起来真要命	13
内裤上的"不明东东"	17
我怎么变成了"毛孩儿"	20
我成了长胡子的"男人婆"	23
青春，带着痘痘一起来敲门	26
月经突然造访怎么办	29

第二章 Chapter 2
谁能给我上一堂性教育课

性，与生俱来，青春期的少男少女会时常被"躁动"的性生理与心理所困扰。初时恐惧，继而好奇，再而兴奋。性的成长既让人忧心忡忡，又让人有一种莫名的冲动。性到底是什么？谁能给我们上一堂性教育课？

孙悟空从石头里蹦出来，我是从哪里来的呢	34
性到底是个什么"东东"	36
常常陷入"性幻想"，我是不是变成了坏孩子	38
了解性，才能保护你自己	41
什么是性骚扰，如何应对性骚扰	42

第三章 Chapter 3
"情感诱惑"想挡也挡不住

"哪个少男不善钟情,哪个少女不善怀春。"这是对青春期少男少女们最好的诠释。也许,你眼中的真爱,只不过是你青春期懵懂的情愫。也许,这么一段小小的插曲,会影响到你的美好前程。因此,青春期的女孩们,一定要避开早恋的诱惑。

什么是早恋,如何克服　　　　　　　　　　46
收到情书,我脸红心又跳　　　　　　　　　49
我偷偷地喜欢上他　　　　　　　　　　　　52
喜欢上老师,是表白还是逃避　　　　　　　55
"禁果"充满诱惑,滋味却是苦涩的　　　　58

第四章 Chapter 4
那个名叫"友谊"的东西

在两小无猜的幼年,你可以毫无顾忌地和异性同伴手拉手一起跑、跳、游戏,但进入青春期后,随着性意识的觉醒,少男少女可以清楚地意识到性别的差异,意识到社会文化传统和行为规范的力量,就绝不能像孩提时代那样同异性随随便便地在一起了。这就要求青春期的女孩们在同异性交往时,要掌握一定的分寸和原则。

男女生之间非得画条"三八线"吗　　　　62
我该怎样跟男孩子相处　　　　　　　　　64
我喜欢和男生在一起玩,有错吗　　　　　67
可怕的"青春期社交恐惧症"　　　　　　70
"异性效应"真的管用吗　　　　　　　　72

第五章 Chapter 5
躁动的青春,阴晴不定的我

步入青春期的女孩子们,心理和生理迅速变化的同时,情绪容易波动，心情时好时坏，快乐总是与忧愁紧随，紧张苦恼与兴奋交错，有可能因一点小成绩就沾沾自喜，也可能会因为受一点挫折和委屈而垂头丧气，更可能因为自己不漂亮或长不高而烦恼不已……

我经常阴晴不定	76
我最近比较烦，比较烦	78
我就是个多愁善感的"林黛玉"	80
我像一只愤怒的"小鸟"	83
我不想长大	86
全世界好像只剩下我自己了	88
我总感觉有男生在有意无意地关注着我	90

第六章 Chapter 6
爸爸妈妈，请听听我的声音

进入青春期的孩子，最显著的特点是"变"，生理上在变，心理上也在变。家长们发现：不知从什么时候起，孩子不听话了，你要东，他偏要西。面对着青春期孩子的叛逆，父母们也感到茫然，他们想引导孩子，可是却不知如何去做。一个屋檐下，两代人开始过招了……

请不要再偷看我的日记了	94
叛逆不是错，我有我道理	95
我的"反抗心理"在作怪	98
请不要对我大喊大叫	100
妈妈，请不要把你的想法强加给我	102
妈妈，请你不要再唠叨了	104
爸爸妈妈，请试着了解我	106
我真的可以和父母成为朋友吗	108

第七章 Chapter 7
烦恼的苦水只能自己吞

生理上的逐渐变化，导致青春期女孩们的心理问题重重，羞涩、自卑、对美的看法和要求等，似乎一切问题都成了她们烦恼、担心的对象。

我不愿意像"无敌"一样丑	112
我不要做永远的"小不点儿"	114
过分爱照镜子是不是一种"怪癖"	117
讨厌的小雀斑，我要和你"战斗"到底	119
我要将减肥进行到底	122

第八章 Chapter 8
"危险"的青春，离我很近

危险无处不在，尤其对于青春期的孩子们来说，到处都充满了诱惑。虚幻的网络、神秘的网友、奇妙的毒品、刺激的赌博、五彩斑斓的酒吧……危险，真的离你很近。

一不小心，我网恋了	128
好奇心让我沾染上毒品	132
钱来得太容易，我坠入了赌博的悬崖	134
可怕的网友见面经历	137
我迷恋明星有错吗	140
娱乐场所，能去还是不能去	143
夜间出行，真的有危险吗	146

第九章 Chapter 9
学习，这件"恼人的事"

心理学家说：青少年步入青春期，就犹如走进了五彩缤纷的春天，春天里百花盛开，细雨蒙蒙，充满了生机和希望；但春天里也同样有乌云风沙，甚至狂风暴雨，厌烦学习，讨厌考试……出现一系列令人头疼而又不得不面对的事情。青春期真是令人迷茫、困惑，找不到方向……

最恐惧的家长会又要召开了	150
我不想再做考试成绩的"奴隶"	152
我得了"恐学症"	155
我上课总喜欢开小差	157
压力让我喘不过气	159
偏科的我该怎么办	162
学习，学习，学到什么时候是头	164
女孩真的不如男孩聪明吗	166
上课怕被提问，有意见也不敢发言	168

第十章 Chapter 10
关于理想这东西

理想是什么？理想是动力。生活中，很多抱怨生活无趣，对学习，对一切都不感兴趣的孩子，多是内心缺乏了这种理想的力量。这样的孩子做事没有毅力、没有激情，也就不可能全身心地投入做一件事情。你有自己的理想吗？你的未来是梦？是真？你，开始筹划了吗？

关于理想，是迷惘还是坚定	172
戴钻石，穿名牌，住别墅，这就是你的理想	174
爸爸妈妈，请让我自己走脚下的路	175
成长的路上总有"挫折"	177

第十一章 Chapter 11
有一种痛叫"成长"

俄国革命家车尔尼雪夫斯基曾说："生活的道路不是涅瓦大街上的人行道，它完全是在田野中前进的，有时穿过尘埃，有时穿过泥泞，有时横渡沼泽，有时行经丛林。"这就如同青春期心理，永远没有平静的路可以走。青春期的你，如果能采取积极、自觉的行动，努力克服掉那些有害的心理障碍，你便能健康地成长。

嫉妒是心灵的"毒瘤"	180
是冷漠，还是自私	183
有"容"乃大	186
我让自卑打倒了	189
猜疑，害我不浅	192
羞怯心理要不得	195
虚荣是只纸老虎，一点就破	198
精神总是不集中，敲响青春期焦虑症警钟	200

第十二章 Chapter 12
我要做个健康的美少女

青春期是一个充满机会和危险的时期。这一时期的孩子虽然在各种疾病上的发生率和死亡率明显低于儿童和成人，但却面临着由青春期生理、心理以及性发育等迅速变化所带来的各种健康问题的挑战。

经期饮食学问多多	204
难以启齿的妇科炎症	208
我得了青春期厌食症	211
我拒绝不了"洋快餐"的诱惑	214
碳酸饮料，害人不浅	217
零食不是不可以吃，要科学合理	220
心灵的"窗户"怎么变模糊了	224
优质睡眠是必不可少的"营养"	228
生命在于运动，我运动，我健康	231

第一章

"神秘"敲开了青春之门

> 处于青春期的女孩常常会觉得自己发生了很多"奇怪"的变化,最明显的就是身体的变化,比如胸部鼓了起来,"大姨妈"来了,脸上长痘痘了,等等,面对这一切,你是否感到有些不知所措,是否感觉周围的同学变得越来越神秘了?

胸部，那些不能说的"小秘密"

我的小苦恼

1. 胸部胀痛，还痒痒的

我叫婷婷，今年12岁。平时在家里，遇到什么事情我都会马上跟爸爸妈妈说，但是这几天我感觉有些不舒服，却不敢告诉爸爸妈妈。

原因是：我最近总是感觉胸部有些轻微的胀痛，这是之前从来没有过的，别提多难受了。我担心自己生病了。因为不好意思跟妈妈说，我只能自己忍着。

终于忍不住了，有一天我跟自己的好伙伴苗苗说了这事。苗苗说，她也有这样的症状，这不是生病，属于正常的现象。女孩乳房发育的时候都会感到胸部有胀痛，而且有的还会有"痒痒"的感觉。苗苗说得特别肯定，让我大吃一惊。奇怪，她是从哪里知道的这些呢？

不过，自从和苗苗交流之后，我的心里释然了许多：原来，不止我一个人有这种变化，小伙伴也有，这下可算是放心了。不过这种疼痛究竟要持续多长时间呢？很多事情还是让我一头雾水，觉得很迷茫。

青春密语：

乳房是雌性哺乳动物孕育后代的重要器官。受地区、种族等因素的影响，女性乳房开始发育的时间各不相同，一般而言，发育时间大多在8~13岁，完全成熟在14~18岁。青春期的女孩，乳房发育有的较早，有的稍晚，这都是正常现象。大多数女孩在月经初潮之前乳房开始发育。

乳房的发育从形状的大小开始，伴随着出现的是乳头长大以及乳头周围的红色晕圈呈现色素沉着。发育过程中可能会出现一些轻微的胀胀的疼痛或是痒痒的感觉，很像是伤口结疤或愈合时的那种又痛又痒的感觉。青春期的女孩们不要怕，这是乳房发育过程中的正常生理现象，大多数女孩在乳房发育的初期都会有这种感受。要知道，这种不舒服的感觉不会伴你一生，它将在乳房发育成熟后自然消失。

还可能出现暂时性的一大一小、发育不均衡的现象，这都是常见的，比如习惯用右手的人，右胸的肌肉自然更发达一些，因此，右边的乳房稍大一些。其他诸如乳头大小、凹凸，乳晕周围是否有毛等都会因为个体的差别而有所不同，但其实并无太大本质上的区别。

青春期女孩要注意保护乳房。无论是上体育课，还是到一些公共场所时，都要小心，不要让其他人或坚硬的东西碰撞到乳房；在读书、写字的时候，身体要与桌子保持合适的距离，不要把前胸紧贴桌沿，以免挤压到乳房；当感觉乳房又疼又痒的时候，千万不要用手去捏或者去抓痒，防止伤害到乳房。此外，乳头的腺体会分泌很多油性物质以保护皮肤，所以要经常清洗乳头。

我的小苦恼

2. 乳房中好像有硬硬的包块

晚上洗澡的时候，我感觉到乳房有点微微的胀痛，不禁用手按了按。奇怪，摸到了一个硬块样的东西，而且碰到了之后会感到很痛。这个硬硬的包块究竟是什么呢？好担心啊！

青春密语：

那个硬硬的包块叫做"乳核"。

一般来讲，女孩乳房的发育，是一个比较长的过程。最初在9～10岁乳头开始长大，并且出现"乳蕾"，乳头周围的色素开始沉着，乳晕开始向周围扩大。在这时女孩一般不会感觉到明显的疼痛，所以也不太会注意到乳房正在发育。

到了11岁左右的时候，在体内雌性激素的作用下，女孩的乳腺开始发育，但是因为发育是从一侧或部分乳腺开始的，增长十分缓慢，因而容易形成乳头下似核状的肿物，也就是"乳核"。隔半年至一年，对侧也同样会出现，以后乳房慢慢地丰满起来，所谓的"硬块"也就不存在了。当你看到自己的乳房渐渐隆起成为半球形，明显高出胸部且富有弹性的时候，那说明你的乳房已经发育成熟了。

我的小苦恼

3. 为什么胸部大小不一样

今天洗澡的时候我照了照镜子，结果被镜子里的自己吓了一跳：原来，我发现自己的乳房好像大小有点不一样，左边的比右边的更大一些。我心里感到很惶恐：如果等胸部长起来之后，两边大小不一样，那多难看啊！

一定要想办法把它矫正过来，不能任其发展。

有什么好办法呢？

还是问问妈妈吧！

"妈妈，有件事情，我想跟您说。"我很为难地跟妈妈说。

妈妈坐下来，和蔼地说："好啊，说吧。"

"嗯……"我磨叽半天，一句话没有说出来。

"孩子，有什么事情一定要告诉妈妈，千万别一个人瞎想。"

"妈妈，今天我洗澡的时候，看见胸部……两边……不一样大。"我鼓起勇气说了出来。

妈妈一听，安慰道："没事，这属于正常现象，以后就好了，回头我帮你选个合适的内衣。"

呃……原来不是什么大事啊！我如释重负，看来有事情还是得问妈妈，不能一个人猜来猜去。

青春密语：

青春期的女孩们不要担心，乳房发育时期，两侧乳房大小不同并不是病。随着身体发育成熟，两侧的乳房会逐渐趋向对称的。

前面说过，乳房在发育时是有先后顺序的，哪一侧的乳房对体内雌激素、孕激素的敏感性较强，哪一侧就发育快，反之则发育慢。这种暂时性的乳房大小不一样的现象很正常，等青春期过了，乳房发育成熟，就会慢慢长成差不多大小了。所以，女孩们不必为此而担忧，只要穿上合适的内衣加以保护就好了。

另外，即使最后发育成熟了，发现还是两边大小不一，也没什么可奇怪的。就像人的眼睛、手、脚一样，它们只是大致相似，并不是完全一样，只不过有的差异小，有的差异大罢了。因此，只要确保不是病症引起的，就大可放心。如果觉得不美观，可以选择合适的内衣来加以矫正和弥补。

我的小苦恼

4. 文胸的选择及佩戴的时间

我和小红是同学，也是好朋友。一天，我看到小红穿了内衣，便问小红："我也到了该穿文胸的时候了吗？我一想到穿文胸，就觉得不好意思。"

"没有什么不好意思的，我们女孩子进入青春期以后，是一定要穿文胸的。"

"那放学后你陪我去内衣店，我也想去买。"

"好。"

就这样，放学后我们两人一起来到了内衣店。看到店里挂满了各式各样的内衣，我俩顿时觉得眼花缭乱，不知道买哪个好。这时，导购小姐走了过来："请问，你们需要什么款式的内衣？"

我也不知道应该选什么样的，因为之前也没有穿过嘛。于是问小红："你穿的是哪一种啊？"

小红一脸难色，因为她的内衣是妈妈帮忙买的。

于是小红就指着我，对导购小姐说："您看她能穿什么样的？"

导购小姐打量一下我，娴熟地为我推荐了几款文胸。我挑了一个自己喜欢的买了下来。

青春密语：

随着年龄的增长，乳房的发育成了女孩甜蜜的烦恼。乳房发育了，使自己变得更加有"女人味"了，可是不断隆起的胸部，将衣服撑起，招来周围人异样的眼光，则是很让女孩害羞的事情。于是，有的女孩就会不自觉地佝偻起背来，时间长了就会形成含胸驼背的不良姿势。其实，女孩们不必因此害羞，因为这是每个女孩发育蜕变的必经阶段。只要正确佩戴文胸，就能帮助女孩平安健康地度过胸部发育期。

适时佩戴文胸对女孩的身心健康和发展有很多的好处：第一，有利于乳房保持清洁；第二，可以起到支持和衬托乳房的作用，使乳房血液循环畅通，有助于乳房的发育；第三，能够避免行走、运动或劳动时乳房的过度摆动，防止乳房松弛甚至下垂；第四，可以促进乳房内的脂肪集聚，使乳房更丰满。

青春期女孩不佩戴文胸会给身体带来诸多的坏处：第一，由于乳房发育后没有托衬，会诱发胸部韧带受损，使乳房发育不全，令腹部积聚过多脂肪；第二，当女孩在发育时，乳房没有文胸的托衬，乳腺就要承受压力，会阻塞血液的流通，就很容易产生积血，导致各种乳房疾病；第三，在进行跑步等体育运动时，没有文胸的保护更容易受伤，乳房受伤就很有可能患上乳腺炎，甚至发展成更严重的疾病，给身体带来更大的损伤。

另外，为了塑造良好的体形，女孩也应该适时佩戴文胸，不然在发育过程中，乳房就会不堪重负，造成乳房下垂等后果。

何时佩戴文胸？

这是很多女孩迷茫的问题。青春期，女孩乳房开始发育时，不要过早地佩戴文胸。待乳房充分发育后才可佩戴文胸，但松紧要适当，不可因害羞而过紧地束胸。

其实，何时戴文胸，比较科学的判断标准是乳房的大小。你可以用一根软尺来测量，从乳房上缘经过乳头到乳房下部的距离超过15厘米时就应该戴文胸了。

如何挑选文胸？

市面上有很多文胸可供选择，但多数是为成年人设计的，这些文胸更注重成人对于性感和时尚的需求。

选择文胸时，青春期女孩应该听取妈妈或导购员的意见，避免选择那种带有钢圈或塑胶扣子的形体文胸。尽量试穿，选择符合自身尺寸的文胸，文胸贴身的部分应选择质地为棉质、丝质等天然布料的，以保持空气通畅。文胸不宜过厚，更不可为了凸显身材而挑选厚厚的带有胸垫的文胸。

另外，随着生理的发育，乳房也在不断地变化。青春期女孩应注意：文胸的松紧与乳房的健康有密切关系，文胸的选择应随乳房的变化而随时变化。

关于文胸还要注意以下事项。

文胸的材料要选择纯棉材质的，优质的弹力棉给予肌肤贴心的呵护。

文胸的松紧要适宜。太紧压迫乳头，引起乳头下陷，将来还影响哺乳，太松又起不到支撑作用。

不管天冷天热，要养成常年戴文胸的习惯，但晚上睡觉前，要把文胸取下，以免妨碍呼吸和血液流通。

运动和劳动时，如奔跑、跳跃或打球等，乳房会产生较大幅度的震动，不仅使人感到不适，还很容易使乳腺受损，此时，女孩的文胸应适当收紧些。

流血了,我是不是生病了

我的小苦恼

早上起床,我发现自己的内裤上沾满了血!

难道受伤了吗?可是,并没有感觉到疼啊?

到底怎么回事啊?我忍不住害怕起来:自己不是得了什么大病了吧?

怎么办?妈妈没在家啊。

我独自去了小区旁边的医院。

没想到医生听后,居然笑了,"祝贺你,孩子,你已经成为大人了。"

"这是怎么回事啊?流血,就成为大人了?"我好奇地问道。

"对呀,这是女孩又一个成长的标志,就像你的胸部会变大一样,这也是你即将成人的标志。所以,不用担心,这并不是生病,而是你成长过程中的正常现象。"

我似懂非懂的,医生接着说道:"这种流血的现象叫'月经',如果没有什么特殊情况,女孩都会有月经的。大部分女孩在11～15岁时开始来月经。而第一次的月经叫'初潮'。"

听医生这样说,我似乎了解了。

青春密语：

"初"就是第一次的意思，青春期女孩首次来月经，医学上称"初潮"。

初潮，是少女进入青春期最明显的标志，它标志着女性开始进入性生理发育过程的第一关。但是，每个女孩初潮的年龄是不一样的，一般在11~15岁，不仅和身体因素有关，还和遗传、环境、营养以及经济状况等因素有关：气候炎热地区的女孩初潮来得较早，气候寒冷地区的女孩初潮来得偏晚；发达城市的女孩初潮来得较早，偏僻山区少女初潮来得稍迟；身体健康、营养条件好的女孩初潮来得早，体弱、生活条件差的女孩初潮来得较晚。

初潮的到来，对女孩而言是一件大事，也表明了身体是健康的。

有了初潮，意味着以后女孩子就会定期来月经，也就是俗称的"大姨妈"。月经，顾名思义是一月一次，但是它并不守时。往往因人而异，有的隔一两个月来一次，也有的半年不来一次，还有的一个月就来两次。

在女孩初潮后的将近一年时间里，月经期都是不太准确的，这是很正常的现象。导致这种现象的原因在于，青春期女孩的卵巢发育不成熟，功能还不稳定，未必每月准时排卵。随着少女年龄的增长，月经周期自然会逐渐变得正常起来。对这种月经周期不规律的现象，要有充分的认识，不要以为是得了病而乱服药，以免影响身体健康。

那么，月经是如何出现的呢？

青春期女孩由于卵巢分泌的性激素的作用使子宫内膜发生周期性变化，每月脱落一次，脱落的黏膜和血液经阴道排出体外，这就形成了月经。

女孩出生后，卵巢里就有许多原始卵泡。这些卵泡会随着身体的发育而发育，进入青春期后，一般情况下每个月会有一个卵泡发育成熟。成熟后产生的卵子会从卵巢里排出到腹腔，这就是排卵的过程。

排卵是哺乳动物繁衍后代的必然反应。在两次月经中间，即下次月经的前14天左右，排卵出现，子宫内膜增厚，子宫内膜腺体进一步增长，腺细胞的分泌物增多，动脉扩张充血，结缔组织里液体增多。这种变化是为卵子受精后植入做准备，如果卵子受精，受精卵就会在这松软、肥厚、富有血管的子宫内膜上种植（着床），子宫内膜就会继续生长发育，同时在黄体的作用下，它不脱落，也就没有月经了。否则，黄体逐渐退化，雌激素、孕激素急剧减少，子宫内膜失去激素作用，血管持续收缩，出现功能层缺血，引起组织坏死，剥落下来后会同血液、子宫颈分泌的黏液一起排出，这就是月经。

一般而言，月经会持续3~5天，正常的月经代表子宫内膜受到雌激素刺激而发育了，也代表从子宫到子宫颈到阴道的"通路"打开了。

在月经期间进行轻度适量运动，可以促进机体新陈代谢，对改善血液循环、减轻盆腔充血及小腹坠痛感有益。

经期应经常清洗外阴，避免手淫，因为在此阶段机体抵抗力下降，极易引起细菌感染和发烧。

> 要使用优质卫生巾，切不可使用消毒不严格的卫生纸和草纸来代替。
>
> 注意休息，保证充足的睡眠，食用营养丰富、易于消化吸收的饭菜，这对增强体质、恢复精力大有裨益。
>
> 当然，调整好自己的心情和情绪也是很有必要的。

恼人的痛经，疼起来真要命

我的小苦恼

课间，同学小杰叫我一起出去玩，我趴在课桌上无力地摇摇头。

小杰以为我病了，问我怎么了，哪里不舒服。

我对小杰说：" '大姨妈'来了，肚子疼啊。"

"大姨妈来了？在哪呢？"

我看小杰似乎不像装的，真的不知道"大姨妈"是什么，便告诉她："每个月都要来的，那个……来了。"

小杰一听便乐了，原来，月经还有这么个"雅称"啊。此"姨妈"非彼"姨妈"也。

"我肚子很疼啊，你居然还乐得出来。"

看我是真的难受，小杰急忙问，要不要跟老师请个假，赶紧回家吧，下节正好是体育课。

我一听是体育课，还是跟老师请假回家吧，肚子实在是太疼了，特别难受。

第二天，课间的时候小杰看到我便问："你的那个'姨妈'，还疼吗？"

"好了，不疼了。"我笑了笑，"昨天回到家，妈妈帮我放了一个热水袋在肚子上，喝了很多热水，睡了一觉，今天就好了。"

看到我不难受了，小杰也调侃起来。"看来，肚子疼不是病，疼起来要人命啊。"

青春密语：

月经是每个女孩都会遇到的正常生理现象，但是它并不意味着每个女孩都会有正常的反应。有的女孩在月经期间只是稍感不适，而有的女孩可能会反应很剧烈，比如我们常见到的痛经。

虽然两者相比似乎后者有些不正常，但实际上痛经也是正常现象之一。

痛经的主要"症状"就是不同程度的下腹胀痛或腰部酸痛。

月经期间，由于子宫内壁的肌肉会不断收缩，以便排出萎缩脱落的子宫内膜和经血，所以在行经的第一二天，会出现腹痛、腰痛等现象。在月经后期，伴随着子宫内充血的减轻，这些不适的症状就会自然缓解。

引起痛经的原因比较复杂，主要有以下几种：

1. 生理因素

由于子宫内膜前列腺素增多，使子宫收缩过度或不协调，子宫局部缺氧导致痛经。

2. 心理因素

来月经时恐惧的心理暗示会加重疼痛感。

3. 遗传因素

痛经与家族遗传有一定的关系。

4. 饮食习惯

月经期间吃冷食会导致子宫内的充盈物凝滞在一起而无法排出，导致痛经。

5. 受到寒凉

月经期间遇天气寒冷或者穿的衣服太少，使身体受寒，也会引起痛经。

6. 子宫发育不良

青春期少女子宫发育尚不完善，如子宫肌肉和纤维组织比例失调，致使来潮时子宫产生不协调收缩。有些少女的子宫颈口或子宫颈管狭窄，子宫过度倾曲以致经血流通不畅，刺激子宫剧烈收缩而发生痛经。

7. 子宫内膜整块排出

月经期子宫内膜一般是呈碎片状随经血一起排出的。有些少女来月经时子宫内膜呈块状脱落，引起经血引流不畅，刺激子宫收缩增强，发生痛经。这类患者往往在月经第3～4天时疼痛剧烈并伴有膜状物排出。膜状物排出后，疼痛也立即消失。

其实，痛经是可以得到改善的，懂得一些注意事项就能够减轻痛经的程度。比如，在月经期间不要做剧烈运动，但轻微的运动有助于排出子宫内的充盈物，缓解疼痛；经期尽量避免受寒、淋雨、洗凉水澡等。

此外，掌握一些小常识也能有效缓解痛经。

1. 快乐止痛

科学研究发现，大脑紧张会降低对疼痛的忍受度，也就是说，保持心情愉悦，那么痛经的程度就会减轻。此外，功能性核磁共振研究证实，大脑感受他人痛苦的区域与感受自己疼痛的区域相同，也就是说见到别人痛经可能导致你的痛经加重。

因此，月经期间尽量让自己放松，用平和的心态来面对；别和正"痛"的人在一起，防止被对方感染；干一件自己感兴趣的事情，将注意力从痛经上转移，当人们全神贯注于一件事情时，体内产生大量内啡肽，能切断疼痛信号，暂时止痛。

2. 温暖身体

疼痛导致交感神经紧张、引起血管收缩，而血管收缩、血液运行不畅又进而加重痛经，形成恶性循环。因此，让身体热起来，比如用热水泡脚、喝热水、多穿衣服等方法加热身体，能扩张血管、加快血流、对抗子宫平滑肌收缩，进而减轻疼痛。

3. 保持通畅

经血若不能畅快地从子宫颈流出，而是从子宫内慢慢流出，就会造成盆腔瘀血，加重经期疼痛和腰背酸痛。痛经时跪在床上、抬高臀部，保持这种头低臀高的姿势能有效改善子宫的后倾位置，方便经血外流、解除盆腔瘀血、减轻疼痛和腰背不适等症状。

4. 防止便秘

便秘引起的应激反应会使消化道蠕动加快，刺激子宫收缩，进而引发短时的剧烈疼痛或加重痛经症状。因此，摄入清淡易消化的食物，保持大便通畅，就可以避免因消化道剧烈蠕动而加重经期疼痛的症状。

痛经的症状一般两三天即可自行消失，但是如果很严重，以致无法正常生活和学习，那最好到医院检查，以排除生殖道的畸形和器官性病变。对于无器质性病变的青春期少女，精神因素往往占主导地位，特别要多学习月经生理的知识，减轻心理负担。同时要注意月经期卫生，适当增加营养，注意劳逸结合，保证充足的睡眠，还要加强体育锻炼。消除了精神上的恐惧、焦虑，体质增强了，绝大多数痛经可以不治自愈。

内裤上的"不明东东"

我的小苦恼

上课的时候，我感觉内裤上湿湿黏黏的，很不舒服，下课到卫生间一看，发现内裤上面居然有些"白色的不明物体"。这些白色的东西是什么啊？以前好像没有过。

看来，只能放学回家问妈妈了。

妈妈听后耐心地给我解释道："那些'白色的不明物体'是'白带'。

健康的女性都会有白色的或者是没有颜色的白带，而且在经期前时或是两次月经中间，量会增多，这是正常现象。不过，要是白带是黄色的，或是像白色乳酪一样的话，那么，这种情况的白带就是有病菌、有问题的了。"

"什么病菌啊？为什么会有黄色的白带？"

妈妈回答道："这些情况都必须经过医生的诊断才能知道，所以，要是你哪天发生了这样的情况，一定不要犹豫或是害羞，要赶紧告诉妈妈，知道吗？"

我用力地点点头。

青春密语：

"白带"是从阴道里流出来的一种带有黏性的白色液体，虽然看起来并不好看，但却是保护女孩阴道的。它使阴道保持一定的湿度，能够防止病菌的侵入。

白带的产生是由前庭大腺、子宫颈腺体、子宫内膜的分泌物和阴道黏膜的渗出液、脱落的阴道上皮细胞以及少量的白细胞和非致病性阴道杆菌等混合而成。

身体健康的女孩在青春期以前几乎没有任何阴道分泌物。进入青春期后，由于卵巢的发育，开始分泌雌性激素，便出现白带。这也就预示着2～3年之后将有月经来潮。如果到了青春期不见白带，那是不正常的，要及时就医，检查是否由于处女膜闭锁或卵巢发育不良造成。

通过白带的颜色可以分辨身体的健康状况，正常白带应该是白色的，有时透明，有时黏稠，无异味。也就是说，其他颜色或者有异味的白带出现就说明身体存在某方面的健康问题。

一般来说，青春期白带受雌性激素影响，有周期性的变化，有时增多，有时减少。排卵期的白带透明、量多，而其他时间则量少、黏稠。青春期生殖器官发育旺盛，白带的生成也增多。此外，在天气炎热、从事体力活动以及性冲动时，这些液体分泌量也会增加，有时还可能外流。

所以，应该注意保持阴部的清洁卫生，每天用温水冲洗外阴，这样能减少病菌的入侵和滋生。

当白带出现异常的时候，比如分泌量增多或性状异常，就称之为病理性白带异常。可以通过以下一些显著特征来分辨，并采取及时的应对措施。

（1）凝乳状白带。这是念珠菌阴道炎特征，常伴有严重外阴瘙痒或灼痛。

（2）白色或灰黄色泡沫状白带。这是滴虫阴道炎的特征，可伴有外阴瘙痒。

（3）无色透明黏性白带。呈蛋清样，性状与排卵期宫颈腺体分泌的黏液相似，但量明显增多，一般多为慢性宫颈内膜炎、卵巢功能失调等疾病的可能。

（4）灰色均质鱼腥味白带一般是细菌性阴道病导致的。

（5）白带中混有血液的，可能是宫颈癌、子宫内膜癌、宫颈息肉或黏膜下肌瘤等疾病。

一般来说，青春期女孩只要注意外阴部的清洁卫生，就能够保证身体的健康，并不会出现上述病理性的白带异常现象。有的时候，白带在内裤上凝固后，看起来呈浅黄色，这属正常情况。抑或在某一段时间，阴道分泌物可能会增多，颜色和成分也会发生变化，这些偶尔的变化都是正常的，不必忧虑。另外，如果青春期女孩的白带里偶尔出现少许血丝，这多半属于"生理性"的，不必过于担心。如果发现病理性白带异常，则应马上去医院检查。

我怎么变成了"毛孩儿"

我的小苦恼

"妈妈，我发现我最近出了点状况！"

"怎么了孩子，别急，慢慢说。"

"我的一些地方突然长出了许多毛毛，我是不是像电影里的孩子一样，变成了一个小'毛孩儿'？我会不会再长出一条长长的尾巴来呢？我好担心啊，妈妈。"

妈妈听到我说的担心后，详详细细地给我解答起来。

"女孩在青春期开始长体毛。首先在外阴处长出'阴毛'，这是女孩进入青春期后最先注意到的变化。所以，你不是什么'毛孩儿'，这是每个女生都会有的正常现象。阴毛属于第二性征。当女孩到了10～13岁时，卵巢发育日见成熟，在其分泌的性激素刺激之下，阴毛也陆续长出。最先长出的阴毛显得稀少而柔软，随着年龄的增长，阴毛的颜色会加深，变得粗而卷曲。"

"哦，原来是这样呀，不过，这些毛毛有点……不雅观呢。"我涨红了脸。

妈妈看到我这副模样，温柔地走到我面前，抚着我的头，解释道："当女孩的生殖器官逐渐发育成熟时，外生殖器附近开始长出阴毛。有的少女会和你现在的反应一样，对阴毛产生厌恶感，甚至感到羞耻。其实这一部位之所以被称为'耻部'，是因为这一部位羞于示人；每一个人都有，又有什么可羞耻的呢？欧美人就称这一部位为'维纳斯丘'，听起来很美妙。"

听罢妈妈的讲述，我豁然开朗了。原来这是正常现象，我不会变成小"毛孩儿"了。

青春密语：

进入青春期，也就意味着生理上会发生一系列的变化，这些变化既会让青春期的你感到不可思议，又给你平添了许多难言之隐。比如，上面故事中讲到的私处长绒毛就是其中的一个。事实上，女孩们完全不必为这类事情纠结、难为情，因为，它们不仅不是你的耻辱，相反还体现了你的健康与成熟。只要了解了其中的原委，这样的困惑就会很好地解决了。

和胸部的逐渐隆起一样，阴毛也是人的第二性征之一，当生殖器官逐渐发育成熟时，腋下以及外生殖器官附近就会长出腋毛和阴毛，它们是在雄性激素睾丸酮的刺激下长出来的。男性体内的雄激素是睾丸分泌的，女性体内也有一定量的雄激素，是由肾上腺皮质和卵巢间质分泌的。无论男性还是女性，其阴毛的有无和疏密，都与体内雄性激素水平以及阴部毛囊对雄性激素的敏感程度有关。

正常女性的体毛大多都比男性少，而且每个人之间也在色泽、长短、粗细、疏密等方面存在着个体差异。与此有关的因素还包括人种和年龄，比如亚洲人的体毛比欧美人就要稀疏得多。

阴毛的分布并不是杂乱无章的，也不完全是人们普遍认为的倒三角形，还有盾形、长方形、倒梯形等。阴毛一般与乳房开始发育的时间相一致，它的生长可分为以下四个阶段。

第一阶段：11～12岁，由于雄性激素的刺激，阴毛开始发育，自大阴唇开始，逐渐在阴阜上出现浅色、稀疏、柔软、顺直的阴毛。

第二阶段：12～13岁，阴毛的颜色不断加深，开始变密、变硬、变粗、加长、卷曲，遍布阴阜三角区。

第三阶段：13～14岁，在前一阶段的基础上继续发育，浓密程度近似成年女子外观，其上界多局限于阴阜，但尚未扩展到大腿内侧。

第四阶段：14～15岁，阴毛开始了大面积的发育，将整个外阴遮卷起来，并沿耻骨向下遮掩大阴唇，会合于肛门附近，并可达大腿内侧，呈典型成年女性阴毛形状。

腋毛是体毛之一，比阴毛发育较晚，绝大多数要到17岁以后才长齐。

如果女孩到了18岁阴毛和腋毛仍未出现，或者极其稀疏，那可能是两个原因导致的：一个原因可能是阴部或腋窝皮肤的毛囊对雄性激素不敏感或不起反应，那即使体内的雄性激素浓度较高也不会长阴毛和腋毛，但是，这并不会影响身体其他方面的正常发育，一般也不会影响婚后生活；另一个原因可能是由先天性无卵巢或卵巢发育不良等疾病导致的，病人除无阴毛和腋毛外，还同时伴有其他第二性征发育不良现象，如身材矮小，无月经，外貌也显得幼稚。如果是后者，那就应去医院检查和治疗。

阴毛并不仅仅只是作为人体的第二性征出现的，它还有一定的功能和作用。阴毛可在性行为时减低急速移动产生的摩擦和痛楚，另外，人体阴部汗腺管较为粗大且丰富，出汗量多，加上部位隐蔽，容易发生透气不良，阴毛的存在，可以起到"通风换气"的作用。

我成了长胡子的"男人婆"

我的小苦恼

芳芳是我的同桌，最近她整天愁眉苦脸的，开始我怎么问她，她都不肯说出原因。后来她见我是真的关心她，便把心里话告诉了我。

"不知道从什么时候起，我突然长出了胡子，我怀疑自己是不是变性了，为此很苦恼。而且有同学也笑话我，说我是个长胡子的'男人婆',我不知道自己为什么会长胡子,我很讨厌自己现在的模样!"

我拍拍芳芳的肩膀,真诚地说道:"你别听别人瞎说,我脸上也长胡子的,只不过颜色比你的稍微浅些。你想办法把胡子去掉不就可以啦?"

芳芳叹了口气,说道:"为了去掉这些'该死'的胡子,我试过了N种方法,剃、刮、拔,我都用上了,可没过几天,胡子又会'茁壮成长'起来。"

"照我看来,你长胡子的原因多半是由于遗传,你的头发非常浓密,你的眼睫毛也特别长,所以,你胡子的颜色也自然比我们的黑些。你也别太难过,我看过这样一篇报道:青春期的女生由于身体的发育,会出现一些多毛的症状。你最好让家长带你去医院检查一下身体,医生肯定会帮你找到原因和治疗方法的。"我特"专业"地为芳芳分析着。

或许是我的话真有几分道理,芳芳频频点头,脸上的愁容消失了。

青春密语:

许多青春期女孩都有过如芳芳一样的烦恼,因为"长胡子"而被人笑话。也许,此时正在看这本书的你,也为此而苦恼过。因为在大多数人眼里:"长胡子"是男人的专利。可为什么有些进入青春期的女孩也会长胡子呢?

胡子是男性的显著特征之一,长胡子是雄性激素作用的结果。女孩体内也有雄性激素,它导致腋毛和阴毛的生长发育。但是,如果雄性激素开始搞"恶作剧",那些原本在男人身上看到的显著特征，就很可能出现在女人身上。

如果情况较为严重，就要及时就医，发现诱因对症治疗。

一般有以下几种原因导致这种情况出现。

1. 先天性肾上腺皮质增生症

这是一种先天性酶缺陷。严重的可使女性在出生时外阴阴蒂偏大，可出现多毛、月经不调、生育能力差等问题。

2. 多囊性卵巢综合征

一般会导致体内睾丸酮（雄性激素）过高，排卵不畅、多毛、月经不调或闭经。

3. 肾上腺或卵巢长出能分泌雄性激素的肿瘤

这种病可能发生在任何时期，病程发展较快，主要症状为乳房缩小、阴蒂大、不来月经。这种情况较为严重，要及时发现并手术。

4. 突发性多毛

症状比较轻，没有男性化表现，月经也可能不受影响。这种病在青春期女孩身上最常见，危害并不大，但是影响面容，干扰到正常的学习和生活。

前面的三种情况属于器质性病变，需要及时就医。青春期女孩身上较多发生的是突发性多毛症状，可以不去理睬，倘若觉得实在影响美观，也可采用药物、激光等脱毛方法。一些人不问原因，只是一味地用剃毛刀剃毛、刮毛，见效虽然快，但不能从根本上解决问题，还有可能引起局部副作用，如脓、疖等或由于反复局部刺激而导致局部血液增加，反而有可能使毛长得更快更粗。

青春，带着痘痘一起来敲门

我的小苦恼

笑笑刚升读初中，是个典型的青春期女孩。近来，父母发现笑笑总是把自己关在房间里盯着镜子看。起初爸爸认为，那一定是女儿长大了，开始关注自己的脸蛋了。父母都觉得这很正常，也没说什么。直到夏天来了，爸爸妈妈才发现以前很喜欢游泳的笑笑今年夏天竟然不去游泳，也不参加户外活动了。

妈妈觉得奇怪，便和笑笑谈心。笑笑说："我现在的脸啊，不能晒太阳了。"妈妈扑哧笑了，以为孩子太爱美了，怕晒黑。结果笑笑苦着脸说："主要是因为怕一晒太阳就更容易长青春痘了。"

听到笑笑提起青春痘，妈妈才认真看了看笑笑的脸蛋，才发现她的脸庞上确实长了几颗小痘痘，可是不碍眼，妈妈知道长青春痘是孩子青春期必然要经历的阶段，所以一直没留意，没想到笑笑竟然这般重视。

看到笑笑不开心的样子，妈妈赶紧安慰："傻丫头，青春期，大家都会不同程度地长青春痘的，你不要太介意了，它会好起来的。"

笑笑对妈妈的话表示怀疑："是吗？那为什么青春期就得长青春痘呢？有的同学明明就没有长痘痘，为什么偏偏我长？"

青春密语：

处于青春期的女孩正是爱美的时候，往往将外表看得比生命还重要，但是这些躲不掉的"痘痘"却成了必须承受的负担。其实，青春痘是每个女孩成长蜕变的见证，脸上长了青春痘，说明你已经褪去了稚嫩，迎来了青春。

那么，平滑幼嫩的肌肤上为什么会长出青春痘呢？青春痘又叫"痤疮"，是由于荷尔蒙的分泌引发的。女孩进入青春期后，荷尔蒙的分泌会变得异常活跃。而过分活跃的荷尔蒙刺激了覆盖在皮肤上的皮脂腺，皮脂腺就会分泌过多的油脂，这些油脂附着于皮肤表面，导致毛孔堵塞。这时，细菌就会与附着在皮肤上的油脂结合，从而产生炎症，生出了青春痘。

之所以大多数青春痘都长在脸上，是因为脸上的皮脂腺最丰富。当然，也有很多人在胸前、背后、肩膀等部位生出许多痘痘，那也是因为在他们的这些部位皮脂腺较为发达的原因。

事实上，这是正常的新陈代谢的需要，也是正常的生理反应，只要提前做好防护措施，是可以避免和消除的。首先，要正确对待痘痘问题，不要对痘痘妥协，更不应盲目除痘。其次，防痘、治痘要从根本上了解痘痘，然后结合自身特点采用正确的方法。

1. 保持皮肤清洁

预防青春痘最重要的就是要养成勤洗脸、洗净脸的习惯。青春痘发生的源头是油脂与细菌的混合，而洗净脸可以阻断油脂与细菌的相遇。但是洗脸也不要过于频繁和用力，否则也会对皮肤造成伤害。正确的洗脸方式是：用温水将脸拍湿，将洗面乳在手掌中搓揉，待起泡后在脸上轻揉，然后以冷水冲掉。

另外，还应经常洗头、换洗被褥和枕头，否则每天接触带油脂的不干净的被褥和枕头也会让细菌有机可乘，从而生出痘痘。

2. 时常按摩皮肤

在保持皮肤清洁的前提下，可以经常对脸部进行按摩，促进血液循环，从而调节皮脂腺的分泌功能。

3. 积极补充水分

事实上，水分与油分的关系可说是一体两面的。为了防止肌肤的老化，保持肌肤的弹性光泽，水分是不可或缺的。补充水分要从两方面入手：一是内部，每天晨起，喝一杯温开水或不定时地多喝水，能够促进新陈代谢；二是利用化妆水，化妆水中适量的酒精及杀菌剂对肌肤是有益的。

4. 饮食要有节制

为了避免皮肤受刺激，应该多食清淡、新鲜的食物，避免辛辣、刺激的饮食。这样做的好处是可以增加胃肠的蠕动，促进新陈代谢，预防便秘，避免身体毒素的积存，从内部起到预防和治疗痘痘的作用。

5. 千万不要盲目挤压痘痘

很多女孩一旦发现痘痘或有长痘痘的苗头，就会情不自禁地用手挤压。其实，这种行为不但无法清除痘痘，还会使炎症越来越严重。特别是长在额头和鼻子两翼的面部三角区部位的痘痘，挤压后，病菌可经过面部血管进入颅腔内，一旦引起感染扩散，会导致非常危险的后果。常常挤压还会使脸上留下黑黑的色素沉着，即"暗疮"。因此，如果不想落下满脸疤痕，就要管住自己的手，不要招惹痘痘。

6. 切勿滥用化妆品

化妆品虽然可以让女孩子一时明艳照人，但是会对皮肤造成很大的刺激，尤其是不要轻信所谓的"祛痘"产品，因为有些产品不但起不到祛痘的作用，还会产生很大的副作用。

如果以上方法还不能将痘痘"驱除出境"的话，可以在皮肤科医生的指导下，进行药物治疗。

月经突然造访怎么办

我的小苦恼

我叫小晖，有一次，我对妈妈说了一件让妈妈笑了好久的事情：我同桌跟我说，她第一次来月经刚好是上课的时候，裤子上都被血染红了，她怕别人看到自己裤子上的血迹，还怕值日生注意到沾在椅子上的道道血痕，所以不敢站起来，就那样连续几节课都坐在椅子上。终于挨到了放学，等同学们全部离开以后，她悄悄地擦净椅子才敢回家。可是她又很郁闷,不能走人多的马路,只能从小路回家,而且中途跑到了一个浴池里,把裤子上有血的地方洗了洗,这才放心。回到家里,妈妈问她怎么回事,她也没敢说出真相。讲完这件事之后,我说:"假如我的'大姨妈'也是在我上学的时候来了,我要怎么处理呢?同学们要是看见了多不好呀!"

青春密语:

青春期的女孩懵懵懂懂,不知道自己身体出现的新状况是不是正常的,如月经、胸部发育等敏感的问题,无论多么要好的同学,也不会互相谈论。

其实,很多青春期女孩对第一次来月经要怎么处理都比较茫然,特别是如果月经初潮正好赶上上课的时候,女孩们通常会惊慌失措,并且会觉得非常不好意思。那么怎样应对这种突发状况呢?其实并不难,只要平时准备一包卫生巾备用就好了。假如并没有提前做这方面的准备,那么女孩可采取以下方式:

(1)假如是月经初潮,一般情况下不会出很多血。向女同学借卫生巾,或者请她们帮忙去买,时间完全来得及。

(2)假如还没下课,月经不请自来,只要跟老师说因为腹痛想去卫生间就可以了。老师是成年人,通常能够领会是怎么一回事。而且,任何一个女生在班级里都会有关系不错的同学,此时就需要她向你伸出援助之手了。如果你觉得情况异常,或者觉得时间差不多了,那么就暗示你的好朋友帮自己看看裤子上有没有血迹。自己一定不要轻易地起身离开椅子,被男同学注意到会令你很不好意思。假如确实出了问题，不用紧张。在腰上系一件上衣，或者手里拿一本大书掩在后面，然后和同学一起走出去。

（3）如果经血量少，一时又找不到卫生巾，那么找些卫生纸，多折叠几次，厚一些就可以拿来应急了。

（4）请女老师来帮忙。假如你没有带卫生巾，那么可以向女老师求助，向她借一片；老师还会帮助你通知你的母亲送来干净的衣服，或者直接为你找来干净的衣服。假如腹部胀痛，没办法坚持上课，那么让老师送你离开或者安排你休息片刻，这都是可以的。

总而言之，女孩到了青春期，总要经历这些事情，身体的变化是正常的现象，不必觉得害羞。所以，要怀着一颗平常心，去面对和接受这些现象，并且采用适当的措施去应对，这才是解决问题的最佳之道。

第二章

谁能给我上一堂性教育课

性,与生俱来,青春期的少男少女会时常被"躁动"的性生理与心理所困扰。初时恐惧,继而好奇,再而兴奋。性的成长既让人忧心忡忡,又让人有一种莫名的冲动。性到底是什么?谁能给我们上一堂性教育课?

孙悟空从石头里蹦出来，我是从哪里来的呢

我的小苦恼

我叫果果，是一名初一的学生。从小我就喜欢问为什么，因此爸爸妈妈给我取了个外号叫"十万个为什么"。这一天，我又突出了自己"爱问为什么"的特点。相信很多人都看过《西游记》，尤其是第一集里孙悟空出世的时候，是直接从石头里蹦出来的。这让我产生了深深的疑惑，虽然我不清楚人是怎么来到这个世界上的，但是老师讲过，《西游记》是神话小说，所以我并不相信石头里真的能蹦出人来，我想知道我是从哪里来的？于是，一天我问爸爸妈妈："孙悟空是从石头里蹦出来的，那我是从哪里来的呢？"

爸爸妈妈顿时无语，互相看看，不知道如何回答我这个问题：他们似乎在思考，到底该怎样回答我的这个问题呢？

青春密语：

相信不止果果好奇，也许你也有同样的疑问，自己到底是从哪里来的？只是不知道你得到的答案是什么。

"捡来的""等你长大以后就知道了"……这些答案似乎是我们听到最多的解释。父母不愿意告诉我们真相，也许是有他们的难言之隐，也许是不知道该怎样告诉我们。但是，他们不知道，我们正是缺少这样一堂性教育课。

这里我要告诉青春期的女孩们：你们每一个人都是由一个小小的受精卵成长而来的。受精卵在母体的子宫内发育成长，几个月后，成型的婴儿就来到这个世界上，从牙牙学语、蹒跚学步开始自己的人生旅程。

受精卵由精子和卵子共同组成。精子来自男性的生殖器官——睾丸，那里储存着大量的精子。一个男性一生中产生的精子数目大得惊人——大约为1万亿个，而每次射精就包含3亿~4亿个。尽管随着年龄的增长，男性产生精子的数量会逐渐减少，但有些人直到七八十岁仍然继续产生精子。这些精子体态轻盈、运动灵巧，形状很像蝌蚪。

受精卵的另一个组成部分是卵子。卵子来自女性的生殖器官——卵巢，那里有大量的卵细胞。正常女性到了性成熟时期后，大约每一个月释放一个卵细胞，这些卵细胞通过输卵管到达子宫，在宫颈处准备与精子会合。一个女子一生中所能排出的卵细胞数目为360~420个。

很显然，不可能所有的精子和卵子都会彼此结合，也并不可能都会产生受精卵。一般情况下，只会有一个精子能成功和卵子相遇并结合，当然，双胞胎、多胞胎除外，但毕竟为数较少。而男性一次射精能够产生3亿~4亿个精子，女性一次排卵只有一个卵子，那最后谁会成为幸运儿和卵子结合呢？答案就是少数运动速度快、体质好的精子。这样也就保证了受精卵的遗传物质是男方和女方中最优秀的部分。

一旦精子和卵子结合成功，受精卵就开始分裂，并形成一个小球。这个小球会慢慢地由输卵管移入子宫。在子宫内开始成长发育，这就是胎儿，十月怀胎后就会生产。

看到上面的介绍，青春期的你就知道自己是怎样来到这个世界上的了。

性到底是个什么"东东"

我的小苦恼

我叫艾林，读初二，最近我发现自己对男同学有股莫名的好奇，而且私底下跟几个要好的女同学聊天时，发现她们也有这种感觉。但是谁也说不出来这是为什么。于是，大家找来一些相关的书籍，经过一番交流，大家对男女之间的事情开始有了一些模糊的了解。

但是，有了简单的了解后，好奇心似乎更重了。一次无意中，我看到学校旁边的书店里有人偷偷租售黄盘，我便偷偷买了两盘，但还没找到机会看就被妈妈发现了。妈妈不仅没收了光盘，还把我狠狠地教训了一顿："一个女孩子，怎么能看这样的东西！"但我的脑子里始终想着那些没有看过的光盘，好奇里边到底是什么东西，为什么那么多人想偷偷地看,好苦恼啊,为什么大人们不让看,不让我去了解,也不告诉我性到底是个什么"东东"。

青春密语:

青春期的女孩们,听到"性"这个字眼,你会有什么样的感觉呢?

你可能会觉得很神秘,或者很不好意思,或者很粗俗。那么,性真的是像大家想的那样吗?

任何事情在未知的时候,总是带着很多神秘感,这也是吸引人们去探知的原因。也正因为如此,人们会在探知的过程中因为缺乏认识和经验而犯错误,有些后果很严重。与其这样,还不如主动揭开神秘的面纱,让人们主动去认识它,从而避免无知的冲动。

词典中对"性"的解释是:人的本性和天性,是人与生俱来的素质。性有很多种意思,但大多数人一说起性,就会想起生殖器官、性行为。于是一提起性,很多女孩子就会觉得不好意思或者不干净,实际上性并不是那样的。性不只意味着性行为,"性"字由"心"和"生"两个字组成,所以性是指人自身,即心和身体。

青春期女孩时常会被"躁动"的性生理与心理所困扰。性意识的萌发,使你们忧心忡忡,同时又有一种莫名的冲动,你们很想知道一些关于性的问题,但是很多家长在面对你们的"性问题"时,都倾向于回避——"孩子以后自己就知道了。""自己也是这样过来的嘛!"岂知,家长们的回避是最不正确的方法,对于求知欲强、充满好奇的你们来说,如果家长们总是躲躲藏藏地不肯正面回答你们的问题,你们必然会想尽办法去满足自己。而当你们四处寻找答案时,有时候难免会看到超过那个年龄范围的内容,可是你们本身并不知道那是错的。可见,家长们不正面告诉孩子的后果远比想象中要严重得多。

青春期的你们,要学会正确对待青春期出现的一些性生理、性心理现象,对性的冲动保持理智的态度,学会保护自己,调节自己,爱护自己,发展和完善自己,积极健康地度过青春期。

常常陷入"性幻想",我是不是变成了坏孩子

我的小苦恼

我叫紫菲,是同龄女孩子中身材发育较好的,尤其是丰满的胸部,总是能吸引很多男生的目光。这让我又骄傲又苦恼。对青春期的其他女孩而言,吸引异性的目光是最自豪的事情,但是对于我却是充

满着甜蜜和忧愁的事情。尤其是当一些不怀好意的男生故意以各种名义靠近我的时候,我感到很气愤。可是,当看到某个自己喜欢的男生和别的女生在一起玩、说说笑笑时,我又莫名其妙地烦躁。我有时会装作很快乐的样子主动与男生交往,可怎么也控制不了那份怕被他们揩油而产生的紧张和担心。到头来,脑子经常处于兴奋与紧张、担心与矛盾的状态。

上高中后,我和很多同龄的女孩子一样,有了自己真正喜欢的男孩子,很幸运的是对方也喜欢我。但是,鉴于之前的痛苦经历,我极力地压制自己的感情,表面上佯装平静,从不和他说话,但我们的一举手一投足却将彼此的心意很清楚地传递给了对方。

每当静静地回味这一切,我既感到兴奋、激动,又感到些许的遗憾,这与我向往的那种浪漫缠绵、激情飞扬的爱情相去甚远,可我更害怕这种感情方式会给我带来麻烦。

一方面是思念的煎熬,一方面是怕被伤害的担忧,我只好用幻想的方式来获得精神上的满足。后来,我深陷这种幻想不可自拔,白天老走神导致上课注意力不集中,晚上总是幻想着彼此的各种关心、呵护、拥抱……以致迟迟不能入睡。不光影响了学习,我感觉自己的精神就要垮了。

青春密语:

紫菲的故事反映了一个问题——性幻想。这种情况在成年人身上也常有,但是更多发生在青春期的孩子身上。一个很主要的原因是,青春期的孩子性意识萌发,有了渴望接触异性的需求,但是又不了解性是怎么回事,所以只好用幻想的方式来满足这种心理需要。但是，往往因为控制不住度而造成伤害。

具体解释一下，"性幻想"又称"性想象"或"性爱白日梦"，是指人在清醒状态下对不能实现的与性有关的事件的想象。处于青春期的少男少女，对异性爱慕渴望很强烈，但又不可能与对方发生渴望的性行为以满足自己的心理需求。他们常采取的做法是，把曾经看到过的情爱镜头经过重新组合，并将其中的主人公换成自己和自己爱慕的异性。

性幻想实际上就是一种天马行空的想象，可以随心所欲地进行下去。一旦"入戏"，就会伴随各种相应的情绪反应，部分人可导致性兴奋，女孩性器官充血，男孩射精，有的还伴随有手淫出现。

据国外一些资料统计：大约有27%的男性和25%的女性，肯定他们在完全没有性知识时就有了性幻想；28%的男性和25%的女性，在青春期前就有这种性幻想。据国内调查，在19岁以下的青春期孩子中，有性幻想的占68.8%。如果这种性幻想偶然出现，还是正常的、自然的。如果是经常出现以幻觉代替现实，可能会导致病态，应当引起注意和调节。

性幻想虽然是一种正常的心理表现，是性冲动的必然结果。但是，任何事情都要有度，否则就可能物极必反，正常的变成不正常的。因为，长期的性幻想在大脑脑皮质相应区域形成了惰性兴奋灶，很容易出现精神活动的异常。这种异常因为缺乏有效的控制和干预，使精神偏离正常的轨道，进入混乱的程序之中，时间一长，就会产生对这种特殊的精神刺激过分依赖，失去对生活整体的把握。

了解性，才能保护你自己

我的小苦恼

我叫小洁，最近偷偷地和同学东东谈起了恋爱，可对爱情懵懵懂懂的我们都不知道谈恋爱应该是什么样子。有一天，东东吻了我，但接吻之后，我们都害怕起来，"我这样会不会怀孕呢？"我惴惴不安地问东东。"应该不会吧，我也不太清楚。"东东对此并不确定。从此以后，我总担心自己会怀孕，一有身体不适，便以为自己怀孕了，背着巨大的思想包袱，从此成绩一落千丈。我该怎么办呢？

青春密语：

"未知"带给青春期的你们巨大的吸引力和探知欲，再加上性意识的萌动所带来的冲击，使得青春期的你们很有尝试的冲动。但是，由于对很多性知识的不了解，致使你们无法把握过程以及结果，一旦出现问题也不懂得采取正确的措施来加以补救。那么，面对这些问题，该提前了解些什么呢？

多向父母提问，如果父母能给你一些相关的答案那再好不过，如果父母不肯正面回答你的一些"性问题"，便可借助一些科普读物提供的科学性知识，全方位地来了解自己和异性的身体。

另外，不要因为好奇，就去从其他的渠道去获得"性方面"的一些信息，因为那是很危险的。因为从其他渠道获得的信息，未必就是健康的、正确的，若是不健康的知识很可能对你们的性意识、性观念、性道德观带来误导。

什么是性骚扰，如何应对性骚扰

我的小苦恼

我叫林小菲，是一名初三的学生，成绩优秀，是班级里的语文课代表。语文老师是位中年男老师，他很喜欢我，总是在放学后让我留下来帮他做些小事。两人单独在一起时，语文老师喜欢夸我长得漂亮，有时候还会摸摸我的头发。我并没有将这些事情放在心上，认为这是老师作为长辈向我表达喜爱之情的举动。后来，语文老师的行为越来越大胆，经常提起与性有关的话题，还时不时借机动手动脚。我觉得事情不对劲，所以立场坚定地表示，如果他的行为再这样出格，就要向家长和学校反映情况了。同时，我还尽量避免与语文老师单独相处，这位老师找我有事时,我总是拉上其他同学作陪。这样一来,语文老师的行为收敛了许多,再也没有做出与身份不符的事情。

青春密语:

"性骚扰"这三个字对大家来说并不陌生。青少年同样会遇到性骚扰问题,和成年人比起来,他们显得更弱小,更缺乏防范知识,也更容易被不良用意者盯上。事实上,许多青春期的少女与小菲一样,都遇到过相似或者相同的事情。大部分女孩在家长的教育与引导之下,已经有了自我保护的意识,但由于知识和阅历有限,她们对"性骚扰是什么"这个问题往往一知半解。那么到底什么是性骚扰呢?一般而言,我们是这样定义的:

(1)任何人对其他人做出不受欢迎的性要求或不受欢迎的获取性方面好处的要求。

(2)他/她们做出其他不受欢迎的涉及性的行为,而这些行为使一个正常人感到受冒犯、侮辱或威胁。

从性骚扰的定义,我们不难看出,性骚扰所涵盖的范围非常宽泛,只要对方的行动涉及性,且让你产生担心、恐惧或不安等负面情绪,就可以被认定为性骚扰。

青春期女孩处于人生最美好的时期,又涉世未深,很容易成为许多别有用心人士的骚扰对象。应对性骚扰的最佳办法,就是采取措施将其扼杀在摇篮之中。女孩们要向上面案例中的林小菲学习,以积极的态度来处理性骚扰,勇敢地警告对方:

立即停止这种行为，否则就要采取行动了！一般而言，这种口头警告能起到很好的威慑作用。当然，在某些特殊情况下，这种方法可能就不管用了，这时，女孩们应当充分运用自己的聪明才智，随机应变地采取有效的对策。具体举例说明如下：

场景一：公共场合

应对招数：被他人用不正常的暧昧眼光上下打量时，你要表现得若无其事，抽身离开。若对方表现过分，令你无法接受，你大可直截了当地说："你看什么？"

场景二：公交车、地铁里

应对招数：遭遇故意擦撞或抚摸，千万不要退缩或不好意思，应该大声说："请将你的手拿开！"这样可使侵犯者知难而退。情况严重时，应向周围的人求助或者告诉司机协助报警。

场景三：遭遇露体狂

应对招数：尖叫和惊慌失措只会令骚扰者感到兴奋。你应该视而不见，冷静避开。

场景四：电话性骚扰

应对招数：最好不要用激烈的言辞反唇相讥，因为这可能引起对方兴奋。应该用严肃的语气说："你打错电话了！"若对方是个经常骚扰的陌生人，不妨拿个哨子对着话筒猛吹或发出特大声响，让对方受不了。

场景五：偏僻无人处，情况危急时

应对招数：大声呼救、扬土让对方迷眼、猛踩对方脚背，或用牙齿、拳脚攻击对方要害部位。在"敌众我寡"的情况下，保存生命才有可能抓住坏人。

第三章

"情感诱惑"想挡也挡不住

"哪个少男不善钟情,哪个少女不善怀春。"这是对青春期少男少女们最好的诠释。也许,你眼中的真爱,只不过是你青春期懵懂的情愫。也许,这么一段小小的插曲,会影响到你的美好前程。因此,青春期的女孩们,一定要避开早恋的诱惑。

什么是早恋，如何克服

我的小苦恼

我是一个从来不让家长担心的好孩子，同时，我不是周围那些到处惹事的"问题少女"，也不是毫无主见的"乖乖女"。不过，妈妈看到我的一张纸条后，就开始为我担忧了。她想跟我好好谈一谈，就在此时，我自己主动坦白了一切。

"当他还没跟我表白的时候，我觉得自己还能沉浸在书本里，因为我要为了一个好的未来努力。但是现在有些困难，因为自从他表白，只要他一出现，我感觉自己的全部精力都被他吸引了。每天上学的时候，我告诉自己不能这样，但是进入教室，我就不自觉地注意他有没有来。有一天他问我要不要去春游，我拒绝了，但是我心里却是想去的。我觉得长大以后烦恼却多了，因为我不能像小时候那样专心地做事情了。他是个很优秀的男孩，我发现每当他跟别的女孩交流的时候，自己心里就会不舒服。妈妈，我是不是爱上他了？我该不该向他表白呢？我知道这样不好，但是我确实很喜欢他，我该怎么做呢？"

青春密语：

从上面这个女孩的表现看，其实她已经对对方有了好感，有了早恋的征兆了。女孩们在青春期一定要注意心理健康，注意和异性之间的关系。那么，早恋的特点是什么呢？

1. 朦胧性

青春期的孩子并不清楚早恋的结果是什么，他们只是因为自己开始对异性产生渴望而早恋，但是对于两人之间恋爱和学业如何协调、未来家庭如何建立、是爱情还是友情等都不甚明确，只是一个模糊的认识。

2. 矛盾性

在这一时期，恋人的心里会产生重重矛盾，想要跟喜欢的异性多接触，但是又恐惧来自于父母和老师的压力而不想让他们知道。早恋就是这样，带着痛苦和隐秘的快乐。单方面的暗恋者还会面临着是否向自己的爱慕对象表白的矛盾。

3. 变异性

青春期的友谊是极其不稳定的，因为青少年正处于人生的变化时期，又没有处理人际关系的经验，两人之间缺乏那种必要的信任，这就导致关系并不能维持得很久。然而就是因为这种不确定性，让感情双方深受煎熬。

4. 差异性

早恋在行为上有很大差别。有的少年因为担心家长、老师的压力，把这种关系隐藏得非常深，两人通过短信、网络等频繁联系，秘密地交流感情；有的少年就没有这么多的顾虑，他们会将自己的感情公开,在很多地方都能看到两人一起活动。

早恋的孩子在学校、家庭以及社会上受到极大的压力,这让他们必然会将自己的精力分散到别的地方,很有可能会因此改变自己的人生目标与性情志趣。由此可见,早恋的危害并不是因为感情本身,而是因为伴随着早恋而来的压力与矛盾。

那么,怎样克制早恋的出现呢?

自然界常见的现象就是"同性相斥,异性相吸",在进入青春期之后,男孩、女孩互相吸引是很正常的。女孩不能因为害怕早恋而拒绝与异性交往,只要在交往中注意尺度,就能有效避免早恋的出现。那么,我们应该怎样才能够把握好跟异性交往的尺度呢?

(1)双方应该秉持着信任与尊重的态度进行交往。在成长的过程中,男孩、女孩就会逐渐发现,双方在性格、身体、气质、爱好等方面都会有不一样的地方,正因如此,异性之间交往经常遇见相互不理解的事情,这就需要同学们注意了。交往时应该互相理解、尊重,能够"不失足于人,不失色于人,不失心于人",在此基础上才有可能获得真正的友情。

(2)男女之间既不能因为传统思想时时保持距离,也要注意交往时不要过于亲密。其实异性同学之间,正常的友谊并不需要偷偷摸摸。当然,这不是说异性朋友就不能有其他方面的想法,只要能对得起良心和社会道德,行为大方,接触的时候不随随便便就好了。

(3)对友情和爱情在行为上和思想上要区分清楚。人不能没有感情,但友情和爱情的界限需要异性同学在交往时把握好度;也许在超过一定的范围后,自己也就不好区分了。

（4）尽量在大家都在的集体活动中接触，如果是两人单独在一起，一定不要去灯光昏暗又偏僻的地方长时间待着。如果是在房间里，尽量别锁门。

（5）在跟异性接触的时候，女孩应该注意自尊自重，而男孩不要失去自制力，这种交往中的两性道德观念还是十分重要的。女孩应该注意自尊自爱，学会自我保护，知道自己作为女性应有的荣誉感。

收到情书，我脸红心又跳

我的小苦恼

我叫小薇，今年上初一。有一天，我正在低头做作业，坐后桌的小强拍拍我的胳膊，我一抬头，看到小强还回来的书。可是，当我伸手接书时，小强似乎有些犹豫，好像并不想还给我。我很是诧异，于是对小强说："你如果没看完就继续看吧，我不着急看。""不，我看完了。"小强慌张地说，同时松开了手。我发现他的脸有些红，还完书后迅速地低下了头，和平常判若两人。

我感到有些不对劲，平时的小强总是一副大大咧咧的样子，而且我们两人经常一起上学放学，无话不说。难道问题出在这本书里？我仔细看了看那本书，这才发现书里夹着一张小纸条。

我拿出那张纸条，展开一看，顿时感到心突突乱跳，脸发烫，原来那是一封情书。吓了一跳的我只匆匆看了一眼，就迅速把纸条攥在手中，环顾四周，生怕别人看到。可是压抑不住心中的好奇和兴奋，我把纸条放到书桌里，又偷偷地看了一遍。此时的我仿佛感觉到后座的小强正用火辣辣的双眼紧盯着自己的后背。我又紧张又尴尬，短暂的惊喜过后，开始变得忐忑不安起来，不知道该如何去处理这封情书，也不知道该如何去面对小强。这件事成了我的一块心病，接下来的很多天，我所有的心思都在这件事上。我开始躲着小强，不敢再与小强讨论任何问题，甚至不敢回头看他一眼，两人的目光偶然相遇时也非常不自然。

渐渐地，我觉得压力越来越大，甚至有些恐慌，不知道应该如何处理这种事情。

青春密语：

情书，现代汉语词典对这个词的解释为异性之间表示爱意的书信。我们每个人或多或少都会收到一些情书，而当收到情书的那一刻，很多人在兴奋激动之余，多了一股莫名的慌张，不知道自己下一步该怎么办。尤其是那些情窦初开，但是缺乏相关知识和阅历的青春期女孩，更是欣喜中夹杂着忧愁。

其实，你根本不必那么紧张，在青春期，男女生之间相互表示好感是很正常的事情。情思萌动的年龄，谁都会对异性产生好感、倾慕，只是有的人表达了出来，有的人藏在了心中。

首先，必须肯定的是，这是一件美好的事情，也是很正常的。情书带来的甜蜜是因为觉得有人欣赏自己，喜欢自己，这是一种骄傲。忧愁是由于你们缺乏心理准备和处理方法而导致的恐慌。在某种程度上，你们把这件事想得太复杂了。

你也许想当然地认为这件事是不正常的，是羞于见人的，怕被人知道后遭人耻笑，也怕家长知道后责骂。所以，你会表现出某种程度的害怕，严重者甚至会为此心事重重，影响正常的学习和生活。

其实，少男少女间的情感总是透着一种说不清、道不明的朦胧美，这种感情是纯洁又充满神秘感的。作为女孩，当懵懂冒失的少年自己都不明白干了什么的时候，你又何必过于在意，那不过就是男孩对你产生了喜欢、倾慕、好感的一种表达方式罢了。而且，情书并不一定代表着爱情，对青春期的孩子来说，写情书不过是一种性意识的冲动，很可能是转瞬即逝的，一般不会持久，因为他自己也根本不懂什么是爱情。

所以，当女孩收到男孩的情书时，可以把这看做是对方对自己的欣赏和好感，应该用善意的方式来回应，即感谢对方的同时，理智地面对这件事：既不用回信，也不要把对方的这种行为看做是"耍流氓"，更不要交给老师或者家长。否则，很可能伤害了纯真的心灵和感情。

青春期女孩有义务尊重别人的隐私，不要伤害别人的好意。可以一如既往地和对方交往，就当这事没有发生，保持沉默就是对他最好的回答。交往不必中断，但尽量避免两个人单独相处，否则会给对方错误的引导，令彼此尴尬。待大家冷静一段时间后，"敏感期"就会过去，友谊依然可以继续。经历过这件事情后，彼此肯定会成熟许多。

但是，如果真的感到困扰，那就可以找个时间，和他把事情说清楚，告诉并感谢他的表白，同时也要表达出不能作为恋爱对象而接受他的决心。

如果写情书的人是自己喜欢的人，也不要一时昏了头。女孩面临这种情况，应该在感谢对方对自己的好意的同时，与对方商量可否暂不为两个人的关系匆匆贴上恋爱的标签。两个人完全可以继续友好交往，等完成学业再正式谈恋爱也不为迟。

我偷偷地喜欢上他

我的小苦恼

放学的时候，天居然下起了倾盆大雨。这下糟糕了，我没有带伞，怎么回家呢？只好坐在自己的座位上，呆呆地看着窗外，心里祈祷着雨快停。

"童童，你怎么不回家？"坐在我前面的小雨问我。

我沮丧地说："我没带伞，暂时回不了家。"

"我……我有一把伞，你拿去用吧。"小雨不知从何处"变"出了一把雨伞。

"那你怎么回家？"

小雨挠挠头，用无所谓的语气说道："没事，我跑着回去。"

听到这里，我心里着实有点感动。于是，我提议："我们一起回家吧，反正也顺路。"

小雨听罢，乐得直点头。

就这样，我和小雨打着同一把伞"漫步"雨中了，这可是我第一次和男生共打一把伞！这种在电影里面常常出现的浪漫情节，居然今天也在我的身上上演了。

此时老天似乎和我们作对，雨越下越大，一把小伞根本无法遮挡这瓢泼大雨。小雨倒是很绅士，他基本把雨伞完全地挪向了我这边，自己瞬间就变成了"落汤鸡"。这一刻，我心中突然变得暖暖的，有高兴，也有感动。

晚上，我躺在床上翻来覆去，怎么也睡不着，脑海中老是浮现着小雨憨憨的笑容，难道我开始"喜欢"他了？

"喜欢"一个人就是这种感觉？小说里面不就是这样写的吗？

青春密语：

偷偷地喜欢一个人，就是我们常说的"单恋"。这也是一种常见的感情表达方式，多发生在较为内向、自卑、胆小的人身上。

发生单恋还有一个原因是，青春期的你们心理尚未完全成熟，不懂得如何表达爱和如何真正爱一个人，缺乏爱的技巧，因此，单恋被解释为：一方对另一方的以一厢情愿的倾慕与热爱为特点的畸形爱情。

既然是畸形的，那就是非正常的。不正常之处在于，单恋多是一场感情误会，是青春期"爱情错觉"的产物。"爱情错觉"是指因受对方言谈举止的迷惑,或因自身的各种主观体验的影响而错误地主动涉足爱河,进而产生的爱意绵绵的主观感受。

对那些性格内向、不爱交往的女孩来说,不善于排遣自己内心的单相思情结,就有可能带来较为严重的后果,比如变得孤僻、苦闷以至于精神萎靡,不思茶饭,就像歌里唱的那样——相思成灾了。唯一解脱的方法,就是用积极的想法将自己从相思的漩涡中拉出来。

1. 扩大人际交往圈

女孩们可以广交朋友,将注意力转向其他朋友,用更多的来自其他朋友的友情来填补感情上的暂时空缺。还可以向自己信赖的知心朋友或长辈倾诉自己的苦闷,求得他们的理解,尽快走出感情漩涡。

2. 自我解脱

把精力更多地放在学习上,以转移自己的注意力。另外,也要多参加一些集体活动,以分散自己的注意力,尽量避免单独与该男生接触。

喜欢上老师，是表白还是逃避

我的小苦恼

我今年17岁，读高二。就在高二下学期的时候，我喜欢上了我的数学老师。他是刚刚博士毕业来我们学校任教的，阳光可爱，很友好可亲。

起初我对他一点感觉也没有，还抱怨这个年轻老师没有教学经验，听不懂他讲的课，对他略有不满。

由于我比较喜欢提问，上课听不明白的，下课就去问他。原本纯粹为了解决学术问题，可是问着问着就不只是学习的问题了，内容慢慢地不再局限于他教的这门课本身，比如，我会跟他说到我的家庭，聊周围的同学，等等。去他办公室一趟，会发现原来1个小时过得如此之快。于是我渐渐发现他性格开朗，心里也渐渐对他有了好感。

快期末考试了，有一次课后，一群同学围上去问他问题，我被人挤在旁边。别人问他问题，他回答的时候眼睛是看着我的。我当时站在那觉得自己整个脸都红了。那一刻起我就知道我爱上他了。

还有一次，我在饭堂看到了他，心里特别紧张，装作没看到，然后走到离他坐的位置比较远的地方跟几个同学坐了下来。谁知道没过多久，我就看到他端着自己的饭走了过来，跟我打了一声招呼然后就在我附近坐下了。我当时紧张得连吃饭的心情都没有了，只是装着跟朋友聊得很开心的样子。过了半个多小时,他吃完了,临走前还朝我这里看了一眼。

我觉得自己真是无可救药地喜欢上他了。因为我每天都想看到他,想跟他说话,每天看不到他的时候都会很想他,这似乎已经成了一种习惯。

我很痛苦,不知道该怎么办好。他是我的老师,我是应该跟他表白,还是应该尽一切努力把他忘掉?

青春密语:

青春期的女孩子喜欢上自己的任课老师,这不仅仅是电影里的桥段,而且是经常会发生在我们身边的事情。

相比较身边男同学的青涩、单纯,甚至愚笨,那些阳光、帅气、可爱的年轻男老师的优势太明显了。他们往往是情窦初开的女孩子心目中的白马王子,在女学生心目中,他们不只是老师,更是爱慕的对象。

正所谓"爱美之心,人皆有之",女学生喜欢上男老师也不是什么新鲜事,在她们看来,老师几乎是完美的人,而且很容易将老师的几次关心当成是特殊的关照,甚至是彼此心照不宣的某种信息传递。实际上,在很多情况下,这不过是女孩子的胡思乱想罢了。

首先,老师和学生的身份有着巨大的差距。其次,女学生正处于青春期,性意识的萌动让她们还不懂得把握这种情感,只会盲目地冲动,而且感情还很幼稚,对爱的理解太浅薄,也根本不会去考虑未来的事情。更为重要的是,她们只是喜欢上老师的一面,对老师未展现出来的另一面丝毫不了解,盲目性很强。

也许恋情来得的确热烈，但由于缺乏实在的基础，很难持久。而且读书时代谈恋爱容易分散精力，影响学业。况且青春期女孩心智根本就不成熟，很难发展成真正的爱情。

因此，当真的发现自己喜欢上老师后，不要急着表白，也不要急着否定自己，而要把这种喜爱化作对老师辛苦教学的敬意和感谢，不但能够留下美好的回忆，也能够密切师生关系，给学习带来额外的动力。

如果恋上自己的老师，要学会调节自己的心理。

1. 要远距离欣赏

老师是很有魅力，为了不坠入情网，将你和老师的距离拉开来，不要近距离接触，这样对老师的喜欢和欣赏就会朦胧些。

2. 把老师的学识、修养、人品作为你人生的追求目标

不断提高自身的文化素质和艺术修养，当你长大了，你的知识、阅历、思想都有提高了，你就会发现自己已经不再像从前那样觉得老师有如此大的魅力了。

太阳总是对每个人微笑，当你跳出狭窄小井，你会发现天空是如此的美丽和宽广。

"禁果"充满诱惑，滋味却是苦涩的

我的小苦恼

我叫杜丹，许风是我的同学，我们从初一就开始偷偷恋爱了，到了初三的时候，我俩便以"老婆""老公"称呼对方了。

那是一个炎热的夏日夜晚，许风趁着父母都去出差的绝好机会，把我唤到他家中，就是在这个晚上，我们突破了最后一道"防线"，偷吃了"禁果"。事后，许风安慰我："老婆，我以后一定会好好爱你的，你放心，再过几年我俩就满18岁了，现在大学里是允许结婚的，到时，我会娶你的。"

这信誓旦旦的话让我感动不已，原本心中还有些羞愧和悔恨，听到许风的承诺后，我一丝顾虑都没有了。

可偷吃"禁果"后，就真的没有一丝隐患吗？

没过多久，我发现自己的身体开始出现了异常，偶尔会出现呕吐、反胃的症状，掐指一算，例假也迟来了两个月。糟糕！我心中不禁恐慌起来，是怀孕了吗？天呀，这该怎么办呢？

我第一时间把自己怀孕的事情告诉了许风。

许风听罢，整个人都定住了，他完全没想到会出现这样的"岔子"，他慌乱地说道："你确定是怀孕吗？或许是你吃坏肚子也不一定吧？我们该怎么办呢？我居然这么容易就'中招'啦……"

"我也不敢确定，可我今天上网搜索了相关的资料，我身体出现的种种反常症状都说明我已经怀孕了，我现在脑子也很混乱，咱们该怎么办呢？要是让我妈知道我怀孕的话，我一定会被打死的……"我哭诉着。

"你先别哭呀，对了，我在网上看到说，这种情况可以吃堕胎药，我们眼下要把你肚里的孩子处理掉……我们去私人诊所买堕胎药吧。"许风拉着我的手坚定地说道。

我该不该去私人诊所呢，还是应该告诉妈妈？我该怎么办呢？

青春密语：

冲动就意味着犯错误，就意味着付出代价。有多少悔恨都是冲动的惩罚！对青春期的女孩子来说，"偷食禁果"固然很刺激，但是也会给自己带来巨大的身心伤害，还可能留下心理阴影。

一方面，本身身体的发育还没有成熟，过早地"偷食禁果"很可能损伤身体器官，留下健康隐患；另一方面，缺乏相关的知识和经验，不懂得采取相应的保护措施，很可能导致怀孕等严重的后果出现，而缺乏应对技巧就会处理不当，给身体带来二次伤害，甚至留下严重的后遗症。

对青春期的女孩子来说，"偷食禁果"的伤害是巨大的。相对而言，男孩子所受的伤害要小一些。而很可能给女孩子以后的婚姻生活埋下隐患，导致女孩人生道路的坎坷崎岖，这是生命中无法承受的重。因此,"禁果"虽然充满了诱惑,但是它的颜色是青的,滋味是涩的,它带给青春期女孩的往往是痛苦多于快乐,一时的放纵或许会留下终生的悔恨。因为,青春期女孩在心理上尚未成熟,还没有能力承担性行为可能带来的责任和义务。

不要让一时的冲动和对性行为后果的无知而伤害到自己或对方。

第四章

那个名叫"友谊"的东西

在两小无猜的幼年,你可以毫无顾忌地和异性同伴手拉手一起跑、跳、游戏,但进入青春期后,随着性意识的觉醒,少男少女可以清楚地意识到性别的差异,意识到社会文化传统和行为规范的力量,就绝不能像孩提时代那样同异性随随便便地在一起了。这就要求青春期的女孩们在同异性交往时,要掌握一定的分寸和原则。

男女生之间非得画条"三八线"吗

我的小苦恼

我叫丹丹,在学习之余我喜欢在自己的博客上写点文章,最近,我写了一篇名为《最近比较烦》的博文:"做学生真累,这是我和所有同龄人的心声。我们每天都要学习、考试。学习辛苦自是不用说了,可我们与异性同学的交往还得处处小心。因为,老爸老妈总是不停地在耳边唠叨'要学习,不要和男同学打打闹闹,嘻嘻哈哈的''中学生不要恋爱,好好学习才是你们的任务,没事就离男同学远一点',我就奇怪了,难道男女生之间非得画条'三八线',彼此互不理睬,这样父母们才会放心吗?我知道,作为中学生,我们不应该过早地恋爱,可是,我们正常的交往总是可以的吧?那么,男生、女生的交往尺度到底是怎样的呢?我真希望能得到一个答案。"

青春密语:

进入青春期,随着男女生身体的变化及性意识的觉醒,男女生之间的交往也变得不再像以前那样自然。有些女孩似乎故意躲避，不与男生交往。

这是青春期孩子身上常有的现象。青春期的到来，带来了身体上的变化，同时也带来了心理上的变化，使身心发展在这个阶段失去平衡。生理上的成人感和心理上的半成熟状态是造成青春期心理活动产生种种矛盾的根本原因。

而且，这一时期，性别意识越来越显著，尤其是女孩子因为第二性征的快速凸显，总是处于一种害羞状态，生怕和男孩子的接触给自己带来伤害，也怕男孩子取笑自己，所以会有意识地拉开彼此的距离。

其实，男女生之间正常的交往是非常必要的，不仅有益于成长，也有益于青春期孩子的身心健康。心理学家经研究和实际观察发现：青春期交往范围广泛，既有同性知己又有异性朋友的人，比那些缺少朋友，或只有同性朋友的人的个性发展更完善，情绪波动小、情感丰富、自制力较强、心理健康水平较高，容易形成积极乐观、开朗豁达的性格。

拘谨、畏缩，妨碍青春期异性之间的交往；过分热情、随便，又显得轻浮，不庄重，同样是不可取的。那么，如何把握好与异性交往的尺度呢？

首先，青春期女孩要知道"男女有别"的道理。有的女孩大大咧咧，很不注意自己的形象，不仅和男生随意开玩笑、打闹，甚至还有一些频繁的身体接触，这都是不可取的。要知道，女孩子就得有个女孩子的样儿，而且有些话题、玩笑、举动，也都不宜在异性面前表现。

其次，注意交往方式。青春期女孩与异性的交往以集体交往为宜。比如，课堂上的讨论发言、课后的集体活动、周末的集体出游等，既让那些性格内向、胆怯的女孩子免除了独自面对异性的羞涩和困窘，同时也满足了和异性交往的心理需要，还保持和扩大了自己的交际圈，对成长是很有益的。而且在集体中与异性交往，每个女孩所面对的是一群异性同学，可以有意识地进行比较，从而发现他们身上的长处，有针对性地学习他们的长处，使自己在吸纳众人优点的同时，开阔了眼界和心胸，有效地避免了只盯住某一位异性而发展"一对一"的恋爱关系。

青春期女孩只要把握好与异性交往的尺度，诚恳对人、热情大方、自尊自重，便能处理好与异性的关系，以自身良好的修养和人品赢得异性的尊重和友情。

我该怎样跟男孩子相处

我叫曼曼，自从上了初中和男孩的交往开始变得小心翼翼起来，一说话就脸红，而且语气不自觉地也娇气了许多。

"曼曼，你的作业本呢？没有交？"课代表过来问我。

我看了他一眼，温柔地笑了一下："不好意思啊……嗯……"

课代表大概是着急往老师那里送:"你到底带没带啊?什么时候能给我?"

我轻轻地说着:"嗯……你等等,让我找一下。"说着,脸居然红了。

"快点,快点,还有五分钟就要打铃了。"课代表实在着急了。

我慢慢地在书包里翻了半天,结果什么也没有找到:"我好像没有带……"

"哎呀,明天带过来吧。"课代表说完之后,一溜烟地直奔老师办公室。

我觉得男孩都不愿意理我。

相比之下,我的好朋友小丽却和男孩在一起玩得很好。因为小丽总会表现得很自然,所以不会像我那样让人感觉不自在,在男生那边的口碑也不错,他们有事情都爱找小丽帮忙,比如说,篮球场上缺少一个替补队员。

"嘿嘿,小丽,你比较合适,没有合适的人选了,你上吧。"

"好啊,没问题。"小丽的大大咧咧,看上去很可爱。

看来大大方方跟男孩子交往的女生,似乎更让男生喜欢。

青春密语:

青春期是一个人一生中最美好的时光,但也是比较危险的时间。因此,有人说:"青春期是花团锦簇的沼泽地。"青春期的美好自然无须多言,青春期的危险在于这一时期身心的巨大变化,这种变化对一个人的影响是巨大的,甚至直接决定着以后的价值观、人生观和世界观。因此,我们所说的健康必须是

"身体和心理的健康"。

这其中,男女生的交往是必须要面对的问题。尤其是对女孩子来说,如果把握不好尺度,很可能带来很多的烦恼和困扰,甚至对身心造成伤害。

毫无经验的少男少女成功地开启一段友谊是困难的。因此,与男生交往,女孩要本着"亲密有间"的原则,学会把握一个"度"。

1. 对所有异性一视同仁

作为女生,在和男生交往时要一视同仁,也就是尽可能地和所有的男生保持同等的距离,而不是过分地与某一个男同学接触。这样做男孩子会看到你的自尊自爱,同时也避免了一些不怀好意的接近。当然,由于学习或者其他原因,偶尔与某个男同学接触得较多一些,也没有关系。

2. 坦然面对、大方公开

虽然男女有别,虽然生理上的变化使得面对男孩不再像小时候那样无所顾忌,但是,大家都需要正常的交往。这种交往是光明正大的,不需要偷偷摸摸、扭扭捏捏。事情往往就是这样,你越是遮遮掩掩,越容易被人怀疑,你大大方方地把自己的行为展现在众人面前,让大家都看到了,也表明了你的光明磊落,自然也就消除了怀疑和误会的祸根。因此,与男生交往必须公开,避免客观上造成的一些不必要的后果。

我喜欢和男生在一起玩,有错吗

我的小苦恼

我叫果果,我特别喜欢和男孩在一起玩。我觉得,和男孩在一起玩的感觉很不错。有时他们会大大咧咧的,还特别会说笑话,如果友好相处的话,真的是很贴心的朋友。有时男生爱吹牛,有点爱侃,看上去也是很可爱的,似乎他们是上知天文,下知地理,无所不知,其实说的哪儿都不挨哪儿。有时我感到累了坐在位子上休息,听男生胡侃几句,伴随着哈哈的笑声,疲惫感很快就抛到九霄云外了。

总之,我觉得和男孩在一起,他们能带来不一样的快乐,让我的心情更加开朗,视野变得更加开阔。

但是我很担心老师、同学、爸爸妈妈会怎么看,毕竟女孩和男孩总在一起,就会引起很多误会。

青春密语：

与异性交往是正常的心理需求，那么，这种心理需求是什么呢？

心理学研究证明：异性之间的正常交往不仅有利于相互了解，消除男女之间的神秘感，还可以在情感上、智力上、性格上、学习上、心理上等各个方面起到积极的作用。具体而言，异性间交往有以下几点好处。

1. 有别于同性的情感交流

人和人之间的感情交流有很多种，即使是异性之间也是如此，因此，并不能断定异性交往就一定是在谈恋爱。异性间的情感交流是微妙的，是在同性朋友身上所得不到的。通常，女性的情感比较细腻温和，男性的情感粗犷热烈。男生向女生吐露心声，可以在同情声中平静下来；女生向男生诉说自己的愁苦，可以在鼓励声中振奋起来……

2. 智力上取长补短

每个人的智力是不同的，在很多方面是有差别的，存在多种类型。男孩往往在数理化方面优于女孩，女孩在语文、外语、地理、生物等方面往往优于男孩。鉴于此，男女生之间交往，能够取长补短，在学习别人长处的同时缩小自己的劣势，从而提高自己的智力和学习效率，提高学习成绩，共同进步。

3. 丰富个人性格

每个人都有自己的性格，这是区别于别人的所在。但是，人具有社会性，人不可能离群索居，需要和周围的人不断交往，需要身处一定的组织和团队中才能找到安全感。因而，个人的生活被人际交往左右着，交往范围越广泛和周围人的生活联系越紧密，他深入到社会关系的各方面也就越深刻，他自己的精神世界也就越丰富，他的个性发展也就越全面。尤其是异性之间的交往，因为巨大的反差更有益于个人性格的完善。

4. 学习上互相激励

心理学上有一个"异性效应"，指的是：在人际关系中，异性接触会产生一种特殊的相互吸引力和激发力，并能从中体验到难以言传的感情追求，对人的活动和学习通常具有积极的影响。也就是我们通常所说的"男女搭配，干活不累"。因此，有两性共同参加的活动，较之只有同性参加的活动，参加者一般会感到更愉快，干得也更起劲、更出色。因而，异性间的心理接近需要一旦得到了满足，就会使人获得不同程度的愉悦感，并激发起内在的积极性和创造力，对于青春期的孩子，适当的异性交往能够促进学习。

5. 增进心理健康

和异性交往是人的一种正常心理需求，既然是正常的就需要得到满足才能让人感到愉悦。从这一点上来说，男女交往，可以满足青春期孩子的心理需求，达到心理平衡；反之，就会导致心理失衡，容易发生性心理扭曲，导致性变态或性功能障碍等。此外，男女同学加强交往，增进了解，可以淡化彼此对异性的好奇心，掌握友谊与爱情的区别，从而更稳妥地把握自己的情感。

可怕的"青春期社交恐惧症"

我的小苦恼

我叫红红，正在读高三，我性格内向、孤僻，不善交际。上高一时，由于不经意地多看了同一排的男生几次，经常被同班同学嘲笑，说我想和那名男同学谈恋爱。为了避免同学们的闲言碎语，我就尽量让自己不再看那个男同学了。但到了高二，我发现自己几乎不敢看身边的任何一名男生了，甚至有时面对女生时，我也不敢抬头，不敢说话了，心里总是很紧张。遇到陌生人，这种情况会更严重，经常会令我面红耳赤。

我真觉得：世界上最难打交道的就是人。我很苦恼，因为我几乎没有什么朋友，每天都是形单影只的，但我似乎也已经习惯了一个人独来独往，觉得一个人的世界也没什么不好。

青春密语：

一项关于中学生心理健康状况的调查资料显示：目前中学生的心理问题较为常见，其中尤以女生的心理问题较为明显。女孩子渴望得到异性的注意、欣赏、爱慕，但是却易产生惶恐不安的情绪，并且在人前表现得羞涩、腼腆。这种情绪会蔓延到整个的人际交往中，即使是与身边很熟悉的人交往，她们也会表现出躲避的状态。

很多孩子不愿和父母一起出去玩，不愿和父母谈心里话，对父母的教育显得很不耐烦，经常把自己关在房间里，写日记、发呆，自己的东西不允许大人动，性格好像变得孤僻了……那么，这到底是怎么回事？

与红红一样，这些孩子都患上了"青春期社交恐惧症"。

很显然，这种症状多发于青春期，在生理上，常表现为在与人交往时极易脸红心跳、过度紧张、手脚冰凉，严重时会发生昏厥；在心理上，常表现为主观上感到别人都在盯着自己、看到了自己的紧张表现、还在心里嘲笑自己，同时，他们的心里会产生一种逃避心理，在公共场合，尽量逃到不会被人注意到的角落，而且尽量不发言，来减轻自己的紧张状况。

青春期社交恐惧症对青春期孩子的影响是很大的，严重时，生活、学习以及身心健康都会受到牵连。

之所以出现这种症状，是因为随着青春期的发育，青春期孩子的独立心理开始逐渐成熟，自我意识加强，更在意别人对自己的评价和看法，太在意的结果就是对此产生恐惧心理，干脆选择逃避。有此症状的人以性格内向者居多。

另外，父母的过度保护或不断指责，也容易使孩子的自我评价降低，从而引发社交恐惧。

值得庆幸的是，社交恐惧症是后天形成的，并非无法改善。既然后天可以培养，那么，只要学会积极的自我暗示，学会人际交往的技巧，树立自信，那么，社交能力也就不会成为困扰，更不会影响到以后的发展。

（1）调整好自己的心态，树立良好的观念，不要对自己要求过高，不要太在意自己的身体反应，平和地面对与他人的交往。

（2）多看一些关于人际交往和口才技巧方面的杂志和书籍，多学习别人的人际交往的经验，来提高自己的交际能力，这样，有助于帮助自己树立起与他人交往的信心。

（3）青春期的孩子遇到问题可以向自己信任的人倾诉，不要让某些问题长期困扰自己。同时，还要积极参加集体活动，在集体的温暖中放松心境，也可通过写日记的方式倾吐、宣泄情感。

"异性效应"真的管用吗

我叫然然，刚刚升入初中时，我很不适应，由于小学的朋友们没有分到一个学校，所以在学校里我感觉很孤独，慢慢地，我上课不爱听课，课外也不喜欢写作业，偶尔还会逃课。虽然班主任老师多次找我谈话，但收效甚微，我总是改不了这些毛病。于是，老师常常批评我，同学也看不起我，导致我有段时间情绪低落，心情非常苦闷。

后来，一个偶然的机会，班上转来了一名男生，恰好安排在我座位旁。这个男生对我态度十分友好，每天上学放学总是陪我一起走，跟我聊天。当我学习上有困难时，他总是耐心帮助我；当我挨老师批评或遭到同学嘲笑时，他总是热情地开导我。慢慢地，在他的帮助下，我的成绩不断提高。如今，我已经以优异的学习成绩升入了一所重点高中，我非常感谢他的出现及帮助。虽然我也不知道这是什么原因，但是在一次与班主任老师的谈话中，我听到了"异性效应"这个词。我不明白这个词的含义，但我知道，它确实给我带来了巨大的改变。

青春密语：

心理学家做过一个试验：首先将青少年按性别分成两组，分别进行劳动，结果发现两个小组的纪律都比较松散，劳动效率很低，男生追打嬉闹，女生聚在一起聊天；然后将男女生混合分为两个小组，结果发现两个小组的同学热情高涨，并且互帮互助，很快就完成了任务，劳动结束时，同学之间还打趣地说："今天的活儿干得可真快啊！"

心理学家将这种现象取名为"异性效应"。

"异性效应"是一种普遍存在的心理现象，这种效应尤以青春期孩子为甚。异性效应是指通过异性间的相互交往，产生的一种愉悦的相互吸引的情绪体验。这是一种积极的、良好的情绪体验，不仅对人的身体健康有益，而且具有大量的生理效应——激发人的潜能，使人更加敏捷和活跃。

人之所以向往与异性交往，是因为男女两性刚柔互补，这种交往具有心理的整合、协调与保健功能。因此，青春期异性之间的交往，是人类友谊中不可缺少的组成部分，是顺理成章的事情，就像饿了要吃饭、渴了要喝水一样。因此，应充分利用"异性效应"来激发学习热情，提高学习效率。

还有很重要的一点，异性效应能够促使青春期孩子相互关心，推动人际理解，即通过彼此对对方个性的了解和认可，进而促进彼此心理沟通，建立真正的友谊，构成集体的凝聚力，同时，性别本身的差异有利于互相补充，使集体生活多姿多彩。

当然，凡事皆有一个"度"。男孩女孩们在交往过程中既要坦诚相待、相互激励、共同进步，又要注意男女有别，适当把握异性之间交往的"度"，这样才能使异性效应起到最好的作用。

第五章

躁动的青春，阴晴不定的我

步入青春期的女孩子们，心理和生理迅速变化的同时，情绪容易波动，心情时好时坏，快乐总是与忧愁紧随，紧张苦恼与兴奋交错，有可能因一点小成绩就沾沾自喜，也可能会因为受一点挫折和委屈而垂头丧气，更可能因为自己不漂亮或长不高而烦恼不已……

我经常阴晴不定

我的小苦恼

"王楠,45分;白露,49分;陈丹,53分……"老师在班上念每个同学的分数,念到的同学没有一个人及格。

"赵静——"念到我的名字的时候,老师又仔细地看了一眼试卷,"75分。"

"耶——"我情不自禁地在自己的座位上抓狂起来,难道自己的成绩是全班最高分吗?

"赵静,淡定,"老师的脸上没有表情,继续念了下去,"黄芳,78分;李红,82分……"

原来事情是这样的,老师按照成绩从低到高的顺序念试卷,班上的最高分是89分,而且,一向语文成绩不错的我,这次的考试结果并不理想。

我想起自己刚才还在班上得意地大叫,忽然觉得很丢脸,一时情绪不稳定,眼泪止不住地"噼里啪啦"落了下来。

"这一次考试说明不了什么问题,成绩不理想的同学希望以后能继续努力,争取好的成绩。"难道老师的话是在安慰自己吗?我心里想。

放学之后,我没有跟小伙伴一起走,一个人回了家,我觉得自己今天的表现实在是不正常,在十分钟的时间内,一会大哭,一会大笑,似乎脸变得也太快了些。再说了，这有什么可丢人的？不就是没有控制好情绪叫了一声吗？也不至于难受得要哭啊？我越想越觉得自己好奇怪。

青春密语：

　　情绪波动大，这是进入青春期孩子的显著特点之一，像上文中赵静的表现并非个案。青春期孩子的情绪、情感极其丰富，但又很不成熟，尤其是青春期女孩，情绪的波动性较大，容易极端化。对情绪的控制远远没有到达得心应手的境界，经常会因为一点小事耿耿于怀，也经常由于"不顺心""不如意"而怨天尤人、意志消沉。而且情绪的变化不是像儿童时期那样简单外露，往往是自我封闭式的。因此，女孩们学会驾驭情绪，做情绪的主人，是获得心理成熟和健康的重要途径。

　　青春期女孩出现情绪时，应该冷静做到：明确目标、适度反应、以良性情绪为主。明确目标是要求女孩表达自己情绪时明白自己的情绪反应是由什么原因引起的，目前的情绪对象是否合适，简言之，就是不要迁怒于人、于物，不要借题发挥；适度反应是指情绪反应的强度和持续时间与引起的情绪的情境相符合；以良性情绪为主是指即使生活中有各种不愉快的事，仍应热爱生活，即使遭遇到痛苦的事，仍应保持乐观。

　　虽说情绪不稳定是青春期孩子的普遍特点，但是这种情绪波动还是会给生活和学习带来一定影响，因此青春期孩子要在生活中学会调节和控制情绪，以乐观、积极的态度去面对现实生活中的问题，对前途要充满信心和希望。

我最近比较烦，比较烦

我的小苦恼

我叫齐齐，最近一段时间以来，总是感到烦躁不安，极其缺乏耐心，做任何事情，三分钟没到就暴躁起来，最后往往是发一通脾气。这样的情绪导致我在学校冲同学发脾气，回到家要么和父母闹别扭，要么无话可说，总把自己锁在房间里，每天吃完饭就钻进房间不出来。

关系不错的同桌有一次对我说："齐齐，我发现你最近情绪不对劲啊，怎么总是那么烦躁呢？"我回答说："烦，烦，烦……我最近比较烦，比较烦……"

"有什么可烦的呢？谁惹你了？"同桌问。

"能不烦吗？你看现在的我们，每天学习任务那么重，竞争那么激烈，考不好就上不了好学校，就考不上好大学，就没有好工作，就养不起家，更别说那些令人羡慕的生活了。而且，现在的就业压力那么大，我真不知道这么累死累活地学，到头来能不能如己所愿，能不能如父母所愿。唉，要是回到父母他们那个年代多好，国家包分配，解决住房问题，没有大款、富翁的刺激，可以安安稳稳地过一生。你说，我怎么那么倒霉呢？生在这样一个要命的年代，你说我能不烦吗？"

青春密语：

青春期女孩的心理波动往往较大，很容易出现相对极端的情绪，而且情绪之间的转化也很快，就是我们通常所说的"喜怒无常"。烦躁在青春期女孩身上很常见，导致烦躁的原因有很多，归结起来有以下几种：

1. 不切实际的愿望

每个青春期女孩都对未来有着美好的期许，但是有些愿望经常会脱离现实，比如，有的女孩幻想自己将来能嫁给王子，拥有一座属于自己的城堡，等等，这样的幻想和现实是矛盾的，因此，巨大的矛盾会给女孩们的身心造成冲击，使得女孩们很容易心灰意冷。

2. 与他人交流不畅

青春期的女孩有了更多自我意识，开始意识到自己与别人的不同以及人的多样性和差异性，对世界和身边的事情有着自己独特的看法和主张。尽管有些想法未必是对的，但是，这是她们走向成熟的必经之路。不过，与小时候的单纯相比，这时候的她们更多地将想法深埋在心里，不愿意和父母、老师来交流，因为女孩认为从他们那里得不到自己想要的尊重和理解，于是她们干脆什么都不说，就导致了内心的封闭。另一方面，她们又是非常渴望得到别人的理解和支持的，希望别人能够理解自己的想法、孤独和苦闷。两者的矛盾导致交流不畅，让她们烦躁不安。

3. 独立与依赖的矛盾

青春期女孩心理的逐渐成熟和对独立的渴求，使得她们在心理上产生了成人感，有着很强烈的独立愿望，她们把自己看成是"大人"而不是大人眼中的孩子，这就使得她们对大人的管束、说教、关心等表现出了很强的逆反心理，甚至故意对着干，以表明自己的独立。但是，她们的能力和经验是缺乏的，还难以独立面对实际的问题，比如经济、感情、人际交往等方面的问题，所以她们会本能地依赖父母、老师等人来帮助自己，这种既渴望独立又本能依赖的矛盾心理导致他们产生烦躁情绪。

烦躁的产生既有她们自己生理的、心理的原因，又有社会、家庭、学校的原因，正确认识并很好地解决这些问题，有助于消除青春期孩子的烦躁心理，有助于青春期女孩的身心健康发展。

我就是个多愁善感的"林黛玉"

我的小苦恼

我叫冉冉，最近几天突然感觉很抑郁。

"冉冉，看你不是很高兴，你没什么事情吧。"同学小婉关切地问。

我被小婉这么一问，实话实说了："我一直都挺好的，什么事情也没有发生。最近我听了些苍凉的音乐，心情有些沉重，可能是因为这个原因吧！"

听我这样一解释，小婉松了一口气。

"其实，冉冉，你可以试着听乡村音乐，那个调子比较欢快。"小婉提出了建议。

"我那里有很多调子轻快的音乐，只不过沉重的音乐听起来更有感觉，呵呵，没事。"我向小婉解释说。

小婉说："妈妈曾经跟我说过'年轻人不可以有衰气'。正因为年轻，所以才应该是朝气蓬勃的，一个年轻人不应该总是暮气沉沉的样子。"

希望我能成为一个快乐的人吧！

 青春密语：

"林黛玉"作为一个经典文学形象，令人感叹，让人们印象最深刻的就是她的抑郁。她最后的命运和她的抑郁是密不可分的。

根据世界卫生组织的研究发现：平均每100个人中就有3人患抑郁症，抑郁症会带来很多疾病，甚至自我毁灭。继癌症、艾滋病后，抑郁症已成为世界三大疾病之一。

青春期孩子遭遇抑郁症的也不在少数。这一点和青春期孩子的身心特点有关，比如各种矛盾心理、心智的不成熟、缺乏必要的能力和经验等，都会导致他们在遭遇挫折的时候做出不理智、不正确的反应。如果这些负面情绪得不到及时疏解，就可能因为长期淤积而导致抑郁症。

对青春期女孩而言，由于自身的特点和特殊性，使得家长有时会将女孩子的青春期抑郁症症状和青春期的心理反应混为一谈，错过了治疗青春期抑郁症的最佳时机。下面介绍几个青春期女孩子得抑郁症的典型特点。

（1）情绪出现反常：突然变得少言寡语，不愿与他人交往，对学习心灰意懒，对以往感兴趣的事情现在感到平淡乏味，经常因为一点小事或一些偏执的想法而悲伤哭泣。

（2）经常似病非病：感到身体不适，比如头痛头晕，呼吸困难，浑身难受等，但做检查又没发现问题，吃了药仍无好转的迹象。

（3）两种不良的自我暗示：一种是潜意识层面的，如一到学校门口或教室里，就出现头痛头昏、心慌气短、肢体无力等症状，离开后恢复正常；另一种是意识层面的，就是凡事都往坏处想，导致过大的压力。

（4）经常要求换环境：在学校等环境感到压力重重，心烦意乱，郁郁寡欢，迫切要求父母改变环境，但是到一个新地方后并未好转，再次要求改变。

（5）极端地反抗父母：故意与父母对着干，听不进父母的任何教诲，父母越是反对的事情越是要做。

抑郁症的治疗更多的是心理治疗，青春期女孩要学会自我调节，下面介绍几种帮助青春期女孩走出抑郁的方法。

（1）理理发，洗个澡，换一套整洁的服装，多对自己笑一笑。

（2）反复地说出自己的名字，给自己打气。对自己说："这没有什么了不起!"这是一种积极有效的心理暗示。

（3）尝试着改变交往的对象，结识新朋友。

（4）多做做自己感兴趣的事，如跑步、唱歌、听音乐等。

（5）帮助别人，做一些公益性的事。你将会找回自我的价值，感受到生活中有比个人忧愁更为重要的事。

我像一只愤怒的"小鸟"

我的小苦恼

我叫林林，今年刚上初三，学习成绩一般。紧张的学习让我感觉压力很大，生怕自己的任何一次模拟考试成绩有所下降，所以时时处于紧张状态。每次考试后，我的情绪都会变得很不稳定，因为一点儿小事就跟同学发脾气。

升学的压力已经让我很烦闷了，更糟糕的是我觉得自从上了初三，原本友善、可爱的同学都变得十分冷漠，特别是那些学习成绩比较好的同学。以前，我向学习好的同学请教问题，同学都会很热情地帮助我，但是上初三后，每当我向同学请教时，他们就会很不耐烦，有的同学会敷衍几句，有的同学干脆就说不知道。我觉得许多同学都变得自私、斤斤计较了。是不是上初三后，同学之间都在相互防备，害怕别人会超过自己？是不是同学们真的变得自私无情了？是不是同学之间的相互帮助已经不复存在了？我渐渐变得郁郁寡欢，有人跟我说话，我也会不耐烦地说："别理我，烦着呢！"回到家里，也总是喜欢跟爸爸妈妈发脾气，有时候因为一句话就大吵大闹，摔门就走。爸爸妈妈也很苦恼，不知道我这是怎么了。我自己也很痛苦，我也不想变得这样，可我总是控制不了自己。

青春密语：

青春期充满着快乐，也遍布着问题，包括身体和心理方面的问题。原本是充满活力的年龄，可是很多女孩子嘴里不断地说着"烦透了""没劲"。她们是真的"烦透了"，觉得什么都"没劲"吗？导致她们这种情绪的原因是什么？

现代心理学把厌烦叫做"精神疲倦"，而厌烦感产生的原因，大体上可归纳为外在的和内在的两大类。

外在原因主要在于单调、重复、乏味的事务。青春期孩子的学习压力大，课余生活不够丰富，每天围绕着课堂、书本，节假日也被各种辅导班占据，难免感到厌烦。特别是在学习感到吃力的时候，厌烦感更是油然而生。

更为主要的原因还是内在的。有的孩子觉得学习没意义，人际交往复杂，饮食起居像例行公事，对什么都提不起精神。有的孩子精神上没有寄托，内心世界空虚贫乏。这些内在原因必然会带来情绪上的厌烦。

下面介绍一些克服和消除厌烦感的方法。

1. 明确目标

给自己确定一个明确的目标，然后把远大的目标和近期的任务结合起来，让学习变得有意义，这样就能从根本上避免产生厌烦感了。

2. 换位思考

很多青春期孩子过于自我，凡事只考虑自己的感受，完全不顾及别人的感受。或者只以为自己受到了很大的压力，殊不知这种压力同样压在别人身上。如果能够换位思考、将心比心，就能够看到大家面临的是相同或者相似的问题，这样不平衡的心态就可以得到缓解。

3. 与父母共同面对

当你发现自己情绪有问题时，不要自己一个人偷偷郁闷，要及时与家长沟通，与父母共同面对。

我不想长大

我的小苦恼

"你长大了！"这天早上，当我站在穿衣镜前，妈妈看着我说。

"妈妈，我不想长大！"

"为什么呢？"妈妈亲切地问我。

"如果不长大，我还可以无忧无虑地和小伙伴们玩耍嬉戏，还可以时常撒娇地依偎在妈妈的怀里。我不想长大，害怕长大，长大后要面对的事情实在太多，纷繁复杂的社会，它会给我带来太多太多的麻烦和意想不到的事，我不愿意接受。"

"孩子，长大是每个人必须经历的过程，你要从思想上去接受它，不要排斥它。"妈妈耐心地说。

我冲着妈妈点了点头，可我心里还是渴望自己是一个永远长不大的孩子，可以搂着父母的脖子撒娇、任性、我行我素，可以每天和小伙伴们过着无忧无虑的幸福童年……

唉！如果可以不长大，那该有多好啊！如果可以不长大，就能永远永远都做一个无忧无虑的小丫头了；如果可以不长大，就能不去想那么多烦心的事……

青春密语：

当我们还很小的时候，我们渴望长大，长大后就可以做自己想做的事，不再受大人的管束；当我们长大的时候，我们感受到了成人世界的激烈竞争，感受到了人们之间关系的复杂，感受到了压力的巨大，于是我们拒绝长大。这种想要独立，却拒绝长大的心情，在青春期这个时段最为典型和突出。

有心理咨询师指出：孩子不想长大，原因很多，其中之一就是家长的不当教育。

当女孩子在家人的呵护和宠爱中享受无忧无虑的生活时，她们是幸福的。但是，她们在幸福的同时也在苦恼，她们通过观察会发现父母每天下班都很累，节假日还得加班，要面对激烈的竞争，这让她们意识到成人的世界虽然有更多的自由，但是压力和竞争是巨大的，必然产生畏惧情绪。并且，当有的家长为了让孩子好好学习，故意夸大成年人所面临的困难时，就容易使孩子产生误解，"长大"便成了他们的心病。

孩子们这种拒绝长大的心理，本质上是对责任的一种逃避。如果要改变这种害怕长大的想法，青春期的孩子们首先要在思想上有所转变，要明白自己是社会未来的主力军，同时要树立承担重任的信心和勇气，做一个有责任心的人；其次要锻炼自己不怕困难的勇气，因为任何人都无法改变长大这一事实，我们只有接受这个现实。

全世界好像只剩下我自己了

我的小苦恼

放学的时候，几个好朋友一起回家。走着走着，我就被"丢"在了后面。她们一起走路，一起说笑，没有一个人回头看看我。这时，我的脑海里浮现出了两个字：孤独。

仔细想一想，我发现无论是在学校里还是在家里，我都经常会觉得自己很孤独。爸爸妈妈好像也没以前那么爱我了。我放学回家了，他们依然在外面忙自己的事情，有时我甚至觉得他们是和我毫不相干的人。

唉，我觉得自己一定是不够讨人喜欢才会这样吧，看看我的好朋友丹丹，走到哪里都有一堆朋友簇拥着，为什么我就是那个被忽略的对象？

为什么我总觉得这个世界上只剩下我自己了呢？

青春密语：

到了青春期，很多女孩子会发现随着自己身体的变化，自己的心理也跟着发生很大的变化，对一些变化的恐慌，使得她们情绪波动很大。于是，她们感到孤独，有时候，纯粹就是想沉浸在自己的世界里，不和任何人来往，自我封闭变得"孤独"。

那么，青春期的女孩子为什么会出现这种矛盾的"孤独"感呢？

（1）"自我否定"，比如一旦别人的一些举动让自己不高兴，就会想"因为我长得难看""他们都不喜欢和我在一起"等，这是感到孤独的最主要原因。

（2）对朋友的期望过高，这也是产生孤独感的一个重要原因。如果对方的表现让自己觉得不够好，就会在心里怀疑她是不是没有把自己当成朋友，如果是，那也是不够"铁"的朋友。

（3）进入一个新集体，在结交新朋友时的失败经历也是造成孤独感的原因之一。

即使不是因为以上所说的这三种原因，到了青春期，女孩子也会感到烦恼和孤独。其实，这些想法大多都是个人"虚拟"的，在这个年龄阶段，每个人都会这样想，只是有的人看得出来，有的人看不出来罢了。

所以，这些不用太放在心上，调整好自己的心态，平和地对待每一个人，才能轻松地度过这个青春"敏感期"。

我总感觉有男生在有意无意地关注着我

我的小苦恼

我16岁了,刚开始接触成人的世界,就遇到了很多让我困惑的问题。有一点让我不明白:为什么这个年纪的男孩对待女孩的态度跟以前不一样了呢?我有个表哥,因为年龄相近,小时候我经常和他、堂姐一起玩,大家关系很好,长大之后反而变了。

现在很多人都说我长得漂亮、脾气好,表哥对我的态度也不一样了,经常会给我买一些小礼物,我觉得他也应该给姐姐买啊,他却回答:"她才不需要!"这是怎么回事?为什么堂姐跟我的待遇就不一样呢?我们都是他的亲人、玩伴。还有,为什么有的男孩子对女生这么关注?前一阵子,晚上天特别黑,我跟一个女生结伴去上厕所,当时我看到墙上好像有东西在动,我以为看错了,心里特别害怕。仔细一看,才发现那竟然是一个男同学的脸!当时我就吓得叫了出来,之后整天感觉心很慌,总是不能安心。

从那以后,我就害怕见到男生,我觉得他们都在有意、无意地关注着我。这种感觉特别恐怖,慢慢地影响到了我的学习成绩,现在我都不想去上学了。但是我的心也是很矛盾的,具体也说不清楚,就是一想到关注着自己的男生时,心里虽然害怕,但是好像还有别的感觉。

青春密语：

女孩在进入青春期以后，因为相关的激素增多，自然会开始关注性方面的问题。也有相反的情况，因为各种原因引起的内分泌紊乱，有可能导致性器官发育跟普通人不同，或者是因为接触的教育不正常使得性心理失调，其中一种就是青春期的性敏感。

上文中的这个女孩就是已经到性萌动的时期了，这时候她注意到男生的关注，也因为这种关注带来心理上的变化。而这种说不上来的异样感觉意味着什么，当事人自己也不能够体会得很清楚。

那么这种痛苦又能求助于谁呢？

扩大自己的交往面，将自己的情感寄托在各种新鲜事物上，了解更多的知识，让自己的思想更开阔，就能够自然而然地摆脱这种负面状态，心境也会渐渐地开阔、明亮。社会道德意识要在慢慢融入社会、适应社会的时候才能自然形成，既然社会已经有了这种普遍的准则，自己就不要纠结着再加上枷锁、禁锢自己的思想了。

也可以去找心理医生帮助自己摆脱困扰。性敏感的青少年应该知道及时向专业医生求助，将自己的困扰告诉他们，心理医生就会根据情况进行心理上的指导。一般不严重的话，只要经过一段时间的心理开导就能够恢复正常。

如果情况比较特殊，在心理疏导之外，就要辅助药物疗法。在医生的指导下，通过服药也可以解决因为性敏感导致的紧张或者恐惧，然后再用行为疗法进行治疗。

第六章

爸爸妈妈，请听听我的声音

进入青春期的孩子，最显著的特点是"变"，生理上在变，心理上也在变。家长们发现：不知从什么时候起，孩子不听话了，你要东，他偏要西。面对着青春期孩子的叛逆，父母们也感到茫然，他们想引导孩子，可是却不知如何去做。一个屋檐下，两代人开始过招了……

请不要再偷看我的日记了

我的小苦恼

昨天，我发现老妈在我房间找东西，开始时我还没在意，后来才发现老妈在房里找我的日记本！这可糟了，日记里有许多我自己的小秘密，这些秘密都是我不想让别人看到的，包括老妈。

难道天下的父母都有"偷看"孩子日记的嗜好吗？难道连我这善解人意的妈妈也不例外吗？趁日记还没被妈妈找着，我应该把日记藏到哪里呢？藏书包里？不行，藏抽屉里？那就更不行了，哎，到底该藏哪呢？我很苦恼。

青春密语：

父母偷看孩子的日记当然不是像小品里说的那样，是"领导审查"，事实上恰恰相反，这是对孩子隐私权缺乏尊重的错误之举。很多青春期女孩的"小心思"都寄托在日记里，那是她们不想让别人知道的秘密。可是，很多家长打着"为孩子好"的旗号，不但偷看孩子的日记，而且横加干涉孩子的行为，让青春期多了很多"心思"的孩子苦恼不已。

孩子们对于父母偷看自己日记的行为是相当厌恶的，他们不仅感觉到自己的隐私受到了侵犯，同时也感觉父母对自己不尊重。很多人对父母越来越失望，甚至从心里加强了心理防范，不与父母沟通，不与父母说话。

其实，青春期的孩子们大可不必为了父母偷看自己日记而苦恼，你要学会采取正面积极的方式与父母进行沟通，让他们知道你心里是怎样想的，让他们知道偷看你日记对你造成的伤害及影响。只有这样，才能从根本上解决父母偷看日记的行为，才能让父母认识到自己的所作所为给你带来的伤害。

叛逆不是错，我有我道理

我的小苦恼

我叫轩轩，今年上初二，最近我很烦恼，总喜欢和父母对着干。前些天父母发现我与一个男同学玩得很好，为了防微杜渐，就禁止我和那个男生往来，结果父母越制止、训斥，我就越要对着干，结果就真的和那个男生谈起了恋爱。

这种叛逆心理，我也感觉到奇怪，有时候明明也不想这么做的，可是一听到父母制止，就想对着干。我很困惑，不知道是不是所有青春期的孩子，都多多少少有点叛逆心理呢？

青春密语：

叛逆是所有青春期孩子的共同特征，几乎没有例外。但是，这并不意味着叛逆就是对的。青春期孩子随着自我意识的加强，对父母、老师的管束开始反抗，这是可以理解的。但是如果变本加厉，忤逆正常的规律，与现实相反，违背他人的本意。叛逆是一种"长大了"的感觉，是一种强烈的自我表现欲，在思维形式上属于"求异思维"，是标新立异，希望引起别人注意的表现。

任性，是指听凭秉性行事，恣意放纵，以求满足自己的欲望或达到自己某种不正当的目的，执拗使性，无所顾忌，必欲按自己的愿望或想法行事。

有时，青春期女孩的表现是一种叛逆，但有时却是在叛逆"名义"下的彻底的任性，这就不可取了。叛逆可能带来思维上的突破，但是任性则一定会犯错，而且是毫无意义地犯错。

日本企业家井户出生在静冈县山坳中的一个贫寒家庭里，父亲是雇工，靠帮人采伐木材的微薄收入勉强维持着一家人的生计。母亲做临时雇工，收入非常低。他们希望井户能尽快找一份安稳的工作，挣工资贴补家用。但是，井户有自己的理想，他理解父母的心意，可他知道，要想实现理想，就一定要有知识，要坚持上学。母亲怪他不懂事，可他坚持己见。

初中毕业后，井户决定去滨松市工作。为此，他又与父母发生了激烈争执，父母不希望他离家太远，可井户认为那里更能实现他的理想，他的又一次叛逆使他毅然离开了家。而这一次的选择彻底改变了他的人生道路。

叛逆表面上看起来是和父母对着干，但这种对着干不是毫无道理的，如果能够坚持自己的理想倒无不可，如果只是为了对着干而对着干，那就不可取了。

青春期的你要牢记一点：不能因为你叛逆得确实有道理，就得理不饶人，一味地顶撞父母。你要以理服人，据理力争。当老爸老妈被你说服时，他们会因此同意你的观点或行为。否则，你的"反叛"很可能会以失败告终。

叛逆是一种成熟的标志，你的人生不属于你的父母，只属于你自己。你要依靠自己的精神和行动去创造自己的独特人生，展示在家庭中的价值。这就需要做一个明智的"叛逆者"。

处在青春期的女孩们，你们要知道，以后总有一天会独立踏上社会。拥有一个美好的未来，是你想要的，也是父母所期望的。如果你们心中有什么想法或是什么事情，一定要和父母沟通，毕竟他们是这个世界上最爱你们的人。不管遇到什么事情，都要静下来，心平气和地跟他们交谈，这样，你就会拥有一个幸福的、和睦的家庭。

我的"反抗心理"在作怪

我的小苦恼

我叫佳佳,在家里一直是个非常听话的好孩子,爸爸妈妈让做什么,就做什么,从来不惹爸爸妈妈生气。可是自从上中学之后,情况发生了变化。

有一天,我放学回到家里,妈妈已经把饭做好了,正在等我回来一块吃饭。看见我回来,妈妈就说:"佳佳,你把爷爷奶奶叫来,该吃饭了。"可是我却脱口而出:"我不去。"妈妈说了我几句,我竟然跟妈妈吵了起来。我这是怎么了,怎么上了中学变坏了呢?

青春密语:

文中佳佳的这种"异常"反应,并不是个例,几乎每个成长中的孩子都会经历那么一段反抗时期,只是每个孩子的表现形式不同罢了。为什么会这样呢?

其实,青春期孩子的反抗来自对自我意识的强调。孩子两岁以前大人让他怎样他就会怎样,但是过了两岁,他就有了自己的想法，不再那么顺从地听父母的话了，这是第一反抗期。青春期是第二反抗期，自我意识增强，青春期孩子力求维护自己的良好形象，追求独立与自尊。但是他们的一些想法是不符合客观实际的，因此会屡受挫折。在这种情况下，他们就会产生一种偏激的想法，认为他们行动的障碍来自于成人，包括自己的父母，于是产生了反抗心理。主要表现为：对父母和老师有明显的反控制和对抗心理，即你要求我这样，我偏不这样。另外，他们也可能对教育者的建议和意见采取漠不关心和冷漠相对的态度，装作没有听到。最常见的表现有，孩子对家长的要求明确表示反对："不行，我不去！"要么就是装作没听见，不吭声。

那么，这种反抗心理是什么原因导致的呢？除了上面提到的自我意识高涨外，还有其他的原因。

1. 青春期孩子中枢神经系统过度兴奋

科学研究表明：只有中枢神经系统的功能与身体外围相应部分的活动达到协调时，个体的身心方面才能处于和谐的状态。但是，青春期孩子的中枢神经系统处于过分活跃的状态，使得他们对于周围环境的各种刺激，包括别人对他们的态度等表现得过于敏感，反应也过于强烈。

2. 独立意识增强

青春期的孩子迫切地希望独立，他们会将父母的任何关照和支持看作是自己获得独立的障碍，将别人的指导和教诲看成是对自己发展的束缚。为此，他们对任何一种外在的力量都存有不同程度的排斥倾向，因而会导致反抗心理的出现。

反抗心理会导致青春期孩子对人对事多疑，会形成偏执、冷漠、不合群等病态性格，使之信念动摇、理想泯灭、意志衰退、工作消极、学习被动、生活萎靡等。如果进一步向前发展，还可能向犯罪心理和病态心理转化。

看到这里，青春期的你也一定知道了反抗心理带来的一系列不良后果，因此要学会积极调整自己的心态，试着从父母的角度去考虑问题，试着以平和的态度与父母沟通交流。慢慢地，随着你的逐渐长大，理解能力也会日渐增强，反抗心理自然也就消失了。

请不要对我大喊大叫

饭桌上，我不小心把饭碗掉到了地上。顿时，碗破饭撒，我吓呆了，母亲怒不可遏，一把把我从凳子上拽下来，大声斥责道："这么大的孩子，连个碗都端不好，别吃饭了！"我伤心地哭了，我不是故意的，母亲见状更是生气，厉声喝道："还有理哭啊？闭嘴，回你屋里去！"我抽泣着，难过地回到自己的房间。心里想："大人们怎么这么不讲道理，谁没有犯错误的时候，如果以后再有这样的事情发生，妈妈再这样对我，我一定要离家出走。"我心里暗下决心。

青春密语：

上面这个故事中的情景，相信在很多家庭中并不少见，很多人小时候，都被父母这样呵斥过。

父母的这种指责式教育方式不但起不到很好的教育作用，反而会引起子女的反感，尤其是青春期女孩，正处于逆反心理极强的时期，对父母的这种指责甚至会产生憎恨感，与父母形成对抗心理。

斥责会带给青春期孩子很多负面影响。

1. 孩子觉得父母不喜欢自己

孩子犯错后，自己内心也会很自责，如果再受到大人的责备，就会让孩子觉得父母不爱自己了、自己被排斥被冷落了。

2. 影响性格

若孩子长期承受着巨大的心理压力，并常常惶恐不安，那么，性格就容易变得内向、被动、依赖、遇事没有主见，凡事都只会等待大人的命令，而不敢自行做出判断。这不仅会影响孩子独立性的发展，也会对孩子思维能力的发展产生不良影响。

青春期的女孩要正确认识父母的斥责。首先要理解父母当时的心情，询问父母是否遇到了不愉快的事情，心情受到了影响。其次，要反思自己的行为，看看自己的错误究竟在哪里，有则改之。

妈妈，请不要把你的想法强加给我

我的小苦恼

今天是我13岁的生日，妈妈答应带我到商场去买一件我最喜欢的衣服。我开开心心地和妈妈一起来到商场。

妈妈说："笑笑，今天是你的生日，妈妈答应给你买一件你最喜欢的衣服，你挑挑看。"

我很高兴，在商场里跑来跑去地看，然后对妈妈说："妈妈，我想要这件小吊带裙。"

妈妈看了看说："还是不要了，你的皮肤本来就不太白，再穿吊带会晒得更黑的。"

我又跑到另一个柜台看了看说："那我要这件绿色的公主裙可以吗？"

妈妈说："什么？绿色的啊？不要了，皮肤黑的人穿绿色会很难看的。"

于是我又指着另一套运动装说："那这套吧，运动装很漂亮。"妈妈说："女孩子穿什么运动装啊，像个假小子。"

说着妈妈四处打量了一下，对我说："笑笑，你看那个样子的裙子怎么样？泡泡纱的，很漂亮啊。"

我看了看说："好啊，那我就要那个样子的裙子好了。我喜欢白色的那条。"

妈妈说:"不要白色的,白色太容易脏了,要粉红色的吧。"

"可是我喜欢白色的嘛,白色多漂亮啊。"

"但是妈妈不喜欢白色的裙子啊,就要粉红色的。营业员,我们就要粉红色的那条。"

我生气地喊道:"我不要嘛,我就要白色的那条,是你说让我自己选的。"

妈妈也生气了:"我说不要就不要。如果你再这样无理取闹我就什么都不给你买了。"

我伤心地哭起来,结果妈妈拉着我走出了商场。在生日这天,我收到的不是妈妈的生日礼物,而是一顿责骂。

我真想不明白,明明是要我自己挑,最后怎么不让我买自己喜欢的,而一定要买妈妈喜欢的才可以,真是搞不懂,大人在想什么?一定要把自己的想法强加到我的身上才高兴吗?一定要听妈妈的,我才是好孩子吗?

青春密语:

相信看了上面的故事,你会觉得,你也曾经有与笑笑相同的经历,父母貌似是让我们自己拿主意,事事征求我们的意见,然而,当我们真正做决定的时候,父母却又摆出各种理由让我们改变主意,而接受他们的主观判断。

就像上面的事例一样,妈妈想表现自己的关爱——让孩子自己选一个生日礼物,可是,在孩子选的时候,她总是用自己的经验"横加阻拦",最后落得个不欢而散的结局。

在孩子们看来,这是父母们把自己的想法强加给自己。尤其对渴望独立的青春期女孩而言,更是如此。所以,最终的反抗、叛逆,使得原本美好的事情一塌糊涂。

对于青春期女孩来说,渴望独立,希望自己做主,也希望父母给自己一些这样的机会,在不违反原则的前提下,让自己通过尝试来获得真实的体验。也许,结果不是最重要的,最重要的是体验过程中的惊喜及感动。

妈妈,请你不要再唠叨了

我叫燕子,正在读初二,最近我放学后很不愿意回家,因为一回到家中,妈妈和姑姑还有奶奶,没完没了地絮叨,烦死我了,我的头都大了……她们说,我跟她们拼命顶嘴,我也知道这样做不对,可我还是控制不住自己。

马上快放暑假了,我更发愁了:如果我这次考试成绩不好,这个假期就没法过了,妈妈一定会没完没了地唠叨,让我好好学习,爸爸也没有好脸色,家里阴云密布,没有出太阳的时候。

我特别不理解我妈妈,我们经常是说不到两句就吵起来了,过后我也后悔,觉得不该这样对妈妈,但再遇到这种情况还是忍不住!

青春密语:

心理学上有一个"超限效应",指的是刺激过多、过强或作用时间过久,而引起的心理极不耐烦或逆反的心理现象。父母的唠叨对青春期的女孩而言,就是"超限效应"的结果,因为,几乎所有的孩子对父母的唠叨都是"深恶痛绝"。

心理学研究证明:老调重弹,反反复复说同样的话,会让人产生一种习惯性的模糊听觉,也就是明明在听,却根本入不到心里去。这是长期重复听同样的声音而产生的一种心理上的麻木。

处于青春期的女孩们已经有了独立思考的能力。她们有判断是非的意识和对事情的见解,只是有可能会经常过分地自以为是:以为自己从各种媒体或者同学朋友处接受信息就足够了,对于那些已经听了数年之久的父母之言不再耐烦。再加上学业的压力,孩子更会对父母及家人的唠叨式教育产生反感。

作为青春期的你需要与父母坐下来谈一谈你心中的想法,让父母了解一下你的真实感受。相信,当你们彼此都静下来的时候,就是解决问题的时候。

爸爸妈妈，请试着了解我

我的小苦恼

　　我叫李蕾，我特别喜欢运动，尤其喜欢打羽毛球。一个星期天，我照例约了几个好朋友去外面打羽毛球去了，当我气喘吁吁地回到家时，正好碰见我最喜欢、也最谈得来的陈叔叔在和爸爸聊天，于是我高兴得四脚朝天地躺在沙发里，并开玩笑地对陈叔叔说："哥们儿，你来了？"爸爸见状觉得很没面子，大声训斥："李蕾，你多大了，怎么一点礼貌都不懂，快叫叔叔！"陈叔叔见状，立即打断了爸爸的话，说："不要责备孩子，这说明李蕾跟我关系'铁'，跟我亲近，没把我当外人。"我一边起身一边说："爸爸，您呀，还没有陈叔叔了解我呢！"说着我就和陈叔叔一起到外面打羽毛球去了。从那儿以后，我就特别听陈叔叔的话，学习成绩逐步提高，初三毕业超常发挥，还考上了重点高中。高中里，就连有了自己心仪的男孩子这种事，我都会对陈叔叔说，而陈叔叔从来也不会向我父母"告密"，而是对我进行正确的引导。我常常对同学说："陈叔叔比爸爸妈妈都要了解我，爸爸妈妈为什么不能像陈叔叔一样理解我呢？"

青春密语：

也许，很多青春期的孩子都有如李蕾一样的烦恼，最了解自己的不是爸爸，也不是妈妈，而是他可以称之为"铁哥们儿""好姐妹"的叔叔、阿姨，为什么会出现这样的情况呢？

很重要的一个原因是：孩子不喜欢父母的教育方式，不喜欢父母用自己的想法约束自己。在孩子眼中，很多东西是父母强加给自己的，时间久了，便会产生逆反心理。孩子与父母之间的对立关系也就由此形成。慢慢地，孩子与父母之间的沟通越来越少，孩子在家中变得越来越沉默寡言。

很多青春期的孩子也许会想不明白，为什么案例中的李蕾与父母不能成为朋友，跟陈叔叔却可以成为无话不谈的朋友呢？原因在于：与陈叔叔在一起时，没有了与父母在一起时的那些条条框框，可以让自己做到无话不说。而陈叔叔也没有父母的那种批评式教育，而是通过正确的引导，让李蕾认识到一些问题的存在及后果。如此，"朋友式"的沟通与相处，才是青春期孩子最渴望的一种与父母相处的模式。青春期的你应该试着与父母多交流，多理解父母，那么，父母自然也会多理解你的。

我真的可以和父母成为朋友吗

我的小苦恼

　　我叫小洁，虽然是个女孩子，但非常喜欢研究电脑，几乎每天回家以后，都要抱着电脑没完没了地鼓捣，这让我在周围人眼里成了绝对的另类。父母以为我是上网成瘾，每当我玩电脑，便让我好好学习。我觉得有自己的爱好是好事，父母为什么就不能理解我。于是，一种逆反心理便油然而生。我故意和父母作对。父母越是希望我好好学习，我越是不学习。结果，我的成绩越来越差，连个像样点儿的高中都没考上。

　　朋友问我，为什么不能跟父母好好沟通，尝试着做朋友？

　　我满肚子的苦水：爸爸妈妈把我管得太紧了，什么都要管，烦死了！

　　我和爸爸妈妈没话说，说了他们也不懂！

　　爸爸妈妈不理解我，跟他们说有什么用！

青春密语：

很多青春期的孩子喜欢把自己封闭起来，有什么心事，有什么想法从来不和自己的父母说。在他们眼里，爸爸妈妈无微不至的关怀纯属多余，不厌其烦的教导是婆婆妈妈式的说教。只要爸爸妈妈制止了他们的某些行动，他们要么大动肝火、大吵大闹，要么就和父母搞冷战，不理睬父母，弄得家庭关系十分紧张。

其实，当很多青春期的孩子用逆反心理对待父母的管教时，当很多家长觉得孩子怎么那么不听话时，可以肯定，他们彼此之间没有过很好的沟通，都是拿表面现象——对方的反应来对事情做最终的判决。而这往往是片面的，乃至极端的。

也许，青春期的你会说："自己也想和父母坐下来沟通，但就是找不到共同语言，没说几句便吵起来。"事实上，和父母间的共同点很容易就能找到。天下所有父母都是疼爱子女的，都望子成龙、望女成凤，子女本身又何尝不渴望能成才呢？这"盼成才"就是两代人最大的共同点，在这个大前提下，找到共同语言还困难吗？

此外，就像故事中的小洁一样，每个孩子都有自己的爱好，如果你把自己的爱好及自己研究某些东西的成果展示给父母，相信他们并不会反对。小洁和父母之间便是因为没有及时沟通，反而让误会越来越深，最终害的自己没有考上重点高中。青春期的你要学会在沟通中，既了解父母，也让父母了解自己。

只要你与父母之间能够做到求同存异，做到相互理解，做到在实践中主动协调好关系，不仅可以消除摩擦，而且完全能够成为好朋友。

第七章

烦恼的苦水只能自己吞

生理上的逐渐变化，导致青春期女孩们的心理问题重重，羞涩、自卑、对美的看法和要求等，似乎一切问题都成了她们烦恼、担心的对象。

我不愿意像"无敌"一样丑

我的小苦恼

我叫静静,相貌平平,大大的脸盘,一双单眼皮,不算白嫩的皮肤,不算纤长的眉毛。在我的内心深处,一直都为自己的相貌而苦恼。

走在街上,我会一次次地看那些漂亮的女生,心里充满了羡慕。

有一天,妈妈给我讲了一个故事。

珍妮家的生活很富裕,她从小就接受了很好的教育,她会用那双修长而优美的手弹奏钢琴,动人的音乐得到了很多人的称赞。

"我的手是最美丽的!没有任何人的手比我的手更美了!"珍妮常常这样想,也常常这样比较。一天,她忍不住对老师说:"老师,伊娃的手又红又肿,那么粗糙!简直难看死了。""不,亲爱的,伊娃的手是我们班上最美丽的手。"老师说。

珍妮有些不服气,明明她的手那么粗糙,好像一把刷子。

老师看着珍妮说:"伊娃曾有过一双和你一样光滑细嫩的手。父亲去世后,她要帮助母亲支撑家,每天要干很多活儿,生火做饭,洗晒衣物。她还要用这双手为妹妹穿衣,有时候还为隔壁生病的小女孩洗头发。她善良地对待所有的朋友和小动物。现在你知道为什么伊娃的手是最美丽的了吗?"

"哦，老师！我对刚才的话感到非常抱歉。"珍妮羞愧地说。

"亲爱的，记住，心灵美才是真正的美。"老师认真地对珍妮说。

听了老师的话，珍妮思索了一下说："老师，我想邀请伊娃后天晚上来参加我的生日晚会，并且和我共同演奏一曲。"

"我想，那一定是一首非常动人的旋律！"老师高兴地说。

听完妈妈的故事，我坚定地点了点头，心中不再困惑。

青春密语：

追求美，在乎美，是每一个女孩子的天性，在某种程度上，男孩子也不例外。

青春期女孩的爱美之心，一方面源于自己对外表的在乎，另一方面源自别人对自己的评价。比如，听了别人随便的一句话："你该减肥了！"尤其是自己喜欢的某个人说的，就下定决心要减肥，或者为此伤心欲绝。

其实，不管是正在成长中的女孩，还是成年人，每个人都有爱美之心。但随便听到别人的一句话就要改变自己原有的美，显然是不健康的。更有不少的青春期女孩为了追求美，在冬天穿短裙，盲目减肥、节食，甚至整形整容等，这些所谓的爱美伤害的是自身的健康。事实上，当美要以健康为代价的时候，那美也就不美了。

因此，青春期的女孩们首先要认识到一个人美不美不在于外表，而在于心灵。所谓"朴素则天下莫能与之争美"，一个人如果靠外表和打扮来凸显所谓的美丽，那在别人看来反而是一种低俗。如果一个女孩，有很好的精神状态和优雅的品行，美丽就会自然溢出，会得到他人的尊敬和爱戴，这样的美丽可以经受住时间的考验，显示出真正的美丽来。也就是人们常说的"人是因为可爱才美丽"。

我不要做永远的"小不点儿"

我的小苦恼

我叫瑶瑶，现在已经是初三的学生了，可我的个头还和初一那会儿一样，只有一米五。我站队永远是班级的第一个，为此，我很苦恼，也因为个子矮，班上的同学经常乱给我起外号，叫我"小不点儿"。

有一天大扫除的时候，我看到同桌男生不会擦玻璃，很费劲也擦不干净，于是，我想做回好人好事，便主动对他说道："来，我帮你擦玻璃吧，最上面的那块玻璃不怎么好擦。"

谁知道好心没好报，同桌居然没好气地回了一句："谢谢你的好心了，你个子这么矮，要擦这顶上的玻璃，那该多费劲呀。我还是不劳您大驾啦！"

听到这话里带刺的拒绝，我有点生气地说道："我是好心想帮你的忙呀。"

"谢谢你了'小不点儿',你的心意我领了,可是你的个子实在是帮不上什么忙。哈哈哈……"同桌大笑道。

我很讨厌同学叫我"小不点儿",我愤愤地转身"逃走"了。

晚上回到家后,我第一时间便向老妈恳求道:"妈妈,给我买些增高药吧?我一定要长高,否则我快疯掉了。我可不想永远被同学们嘲笑,天天被大家叫'小不点儿'。"

妈妈听后,温柔地安慰道:"青春期的孩子身高差异很大,而那些个子较小的人总担心是不是会永远这么矮。你现在就是这种情况啦。其实,遗传在此扮演重要的角色。你如今尚未发育完全,而且我和你爸爸的个子都很高,所以,你现在较矮的原因只是因为还没完全进入成长期。你大可不必担心自己会永远停留在一米五的'海拔'上。"

"真的吗?我真的还会继续长高?"我仿佛抓到了救命稻草一般激动。

妈妈笑着说道:"当然是真的。不过,你也要加强后天的努力哦。你这段时间要多加强营养,要多喝牛奶,多进行一些能促进长高的锻炼。我敢给你打包票,你肯定能长到和你爸一般高。"

"太棒了,看以后谁还敢叫我'小不点儿'!"我高兴地欢呼起来。

青春密语:

青春期女孩的烦恼是多种多样的,比如对身高、长相等天生的东西也会烦恼不已。其实,大可不必。且不说这些是天生的,难以改变。就是能够改变,也不应该在青春期的时候。因为，青春期是一个人正在生长发育的时期，后面还有很大的成长空间，过早地下结论岂不是自寻烦恼。

俗话说"二十三蹿一蹿"，十几岁孩子的身高正处于发育的阶段，只不过有的人发育得早，有的人发育得晚罢了。一般而言，男孩在12周岁左右开始加速生长，14～15岁是身高增长最快的阶段，16岁以后增长速度减慢，到18～20岁时身高就不再继续增长；女孩一般在10周岁左右开始加速生长，11～12岁是身高增长最快的阶段，13岁以后增长速度减慢，到16～18岁时身高就不再继续增长。这是一般规律，但是每个人的生长发育是不一样的，这决定于以下几个方面的因素。

1. 体育锻炼

据调查：一年的体育锻炼能使女孩的身高比不锻炼的同龄者多长2～3厘米。体育锻炼能促使身材长高的原因在于，一是能促进生长激素的分泌；二是加强了骨细胞的血液供应，有利于提高骺软骨的增殖能力；三是对骺软骨的增殖有良好的刺激作用。

运动也要有所选择，专家建议，下面一些运动特别有助于你长高：① 摸高练习；② 爬杆或爬绳梯锻炼；③ 上体前引；④ 交叉伸展；⑤ 跳绳、跳皮筋、踢毽子；⑥ 单杠悬垂；⑦ 游泳。像举重、杠铃、铅球、铁饼等负重训练，对身高发育不利，要慎重选择。

2. 睡眠

生物学家研究发现，对青春期孩子来说，睡得好，长得高。身高的增长，取决于骨骺的不断增长，而骨骺的生长又受内分泌腺的控制。控制身高的内分泌激素主要有脑下垂体分泌的生长素、黄体化激素和性激素，其中生长素的作用最显著。生长素白天分泌较少，夜晚睡眠时分泌较多。研究人员发现：当青少年深入睡1小时后，生长素的分泌量是白天的5~7倍，同时性激素和黄体化激素的分泌也很旺盛。所以，每天一定要保证充足的睡眠，每晚至少要睡足8个小时。

3. 饮食

饮食中的高蛋白质，尤其是动物蛋白质和钙、磷、维生素等无机盐类食物，如瘦肉、禽蛋、牛奶、鱼类以及各种促进新陈代谢的维生素B族、维生素E族、豆类、杂粮及新鲜水果、蔬菜等所含营养成分，都有助于骨骼的充分发育，即有助于骨骼的增长、增粗、增宽和骨皮质增厚，从而促进身高增长。

青春期女孩赶快行动起来吧，一定会达到理想的身高。

过分爱照镜子是不是一种"怪癖"

我的小苦恼

近段时间以来，我发现自己特别爱照镜子。不管在做什么，注意力总会被镜子吸引，时不时地照一下，心里才踏实。

有一天早上，我因为光顾着照镜子而迟到了。事情是这样的，那天早上洗脸的时候,我发现额头上长了一颗痘痘,顿时我感觉义愤填膺,一定要消灭它,怎么能让它破坏了我的美丽形象呢!于是,我开始挤,好像效果不大;我抹药膏,也盖不住;我灵机一动,决定把刘海梳下来,盖住痘痘。可是,刘海一梳下来,我原本圆圆的脸蛋,就显得更圆了!这怎么行呢!这要是让同学们看见了,我这辈子都别想抬起头来。我在镜子前变换着各种招式……

突然,爸爸的一句话让我惊醒过来,爸爸说:"你洗脸花了三分钟,照镜子花了二十分钟,离你上课还有不到十分钟!"听到这里,我心想糟了,从家到学校,骑自行车至少还得十五分钟呢!尽管我飞快地飙车,但还是迟到了。

上课的时候,我还是惦记着自己额头上那颗"痘痘"的情况,于是我掏出随身携带的小镜子仔细地"端详"它,不知什么时候,老师来到了我的身边,毫不留情地把我的宝贝镜子没收了!还批评我上课不注意听讲。

可尽管这样,我还是对照镜子特别热衷,说真的,要是没有任何"干扰",我可以在镜子面前照半小时。不过,我有时也担心,过分地爱照镜子是不是一种"怪癖"呢?

青春密语:

青春期女孩爱照镜子,臭美,这是普遍存在的现象。进入青春期后,由于身体的迅速发育,中学生很快出现了成人的相貌特征。由于这种生理上的变化非常突然,使他们在迷惑不安的同时,也自觉或不自觉地把精力从自己一直关注的客观世界转向了主观世界。

在青春期，一个人要从对父母的依赖走向独立，所以这时容易出现情绪上的不稳定，而且可能安全感比较差，或是对自己的某些缺点、劣势、幼稚等存在着担忧，这才是她总爱照镜子的真正原因。但只靠照镜子，并不能帮助一个人走向成熟，反而更显得不自信和幼稚，所以，必须积极调整自己的行为。

爱美并不是什么坏事，但要有一个限度，不要影响到学习。

讨厌的小雀斑，我要和你"战斗"到底

我的小苦恼

我最近很苦恼，因为不知道从什么时候起，我的脸上出现了许多讨厌的小雀斑，我尝试各种方法想要把它们洗掉，可似乎根本不起作用。

为此，我整天愁眉苦脸。

这天，同桌小梅把一瓶祛斑霜给我抹了抹，说是一定会有效果。可过了一个星期，我脸上的雀斑一点都没有少，似乎还多了几块。

今天，我不想去学校了，我这张"雀斑脸"怎么面对可爱的同学们呢？我要翘课！正当我躺在床上自怨自艾的时候，老妈过来了，她关切地问道："生病了吗？你怎么不去上学呀？"

我哭丧着脸说："我满脸'小雀斑'，这个样子怎么去上学呀？"

妈妈凑近我的脸看了看，说道："咦，你脸上的雀斑真的多了不少呀。前段时间可没见这么多。"

"可不是吗？都是抹了小梅的那瓶什么祛斑霜。"我现在欲哭无泪了。

妈妈安慰我说："你也别太担心，另外，不要再涂祛斑霜了，我像你这么大的时候，脸上也有好多小雀斑，后来你姥姥给我弄了一种民间药方，我坚持抹了一个月，雀斑就慢慢变淡了。"

"真的吗？你快点帮我配这种药吧，"我兴奋地叫了起来，"我可算找到一根'救命稻草'了。"

妈妈微笑着说："那你现在就放心地去上学吧，晚上回家就能抹上这种祛斑药啦。"

"遵命！"我回答道。

老天保佑，我恼人的"小雀斑"赶紧走吧！

青春密语：

青春期女孩重视外貌，不放过任何一点脸上的"瑕疵"，非要"除之而后快"。比如，痘痘、雀斑就是很常见的，而且青春期最为明显，想要根除是不容易的。这时候，女孩子一方面要采取一些有效的措施加以祛除，另一方面要调整自己的心态，将主要注意力放在学习上。

如果雀斑轻微，大可不必放在心上；如果雀斑较重，夏季或日晒后颜色加深，数目增多，就要通过一些正规的方法进行预防或者控制，避免雀斑加重。

防止雀斑加重，要避免日光照射，春夏季节外出时应戴遮阳帽，涂防晒霜，不宜滥用外涂药物，以免伤害皮肤。对于正处于青春期的女孩来说，规律的作息、愉悦的心情，有助于防止雀斑加重。此外，合理的饮食和营养也可防止雀斑加重。

防止雀斑的注意事项：

（1）平时少吃辛辣食物及刺激性食物。

（2）尽量避免日光直接照射。

（3）每天彻底清洁脸部皮肤。

（4）戒掉不良习惯，如抽烟、喝酒、熬夜等。

（5）多喝水、多吃蔬菜和水果。

祛除雀斑的综合调理方法：

（1）加快新陈代谢，促使老化角质脱落，带走色素。

（2）加速血液循环，将色素经肾脏排泄。

（3）提高睡眠质量，调理内分泌。

（4）给皮肤补充水分，达到整体增白、减纹效果。

我要将减肥进行到底

我的小苦恼

寒假结束了,开学的第一天,很多同学都说我胖了不少。

"波波,小脸有肉了。"居然连老师看到我都会这样说,弄得我有点不好意思了。

女孩的身材很重要啊,谁不希望自己能瘦一点呢?我很羡慕那些长得瘦的孩子。我很后悔,谁叫自己放假的时候吃了那么多东西,怎么会不发胖呢?

不行,我要减肥,我要给自己安排一个"减肥计划"。我开始拒绝吃各式快餐,而且饮食以素食为主,大鱼大肉之类的坚决不碰。不仅如此,米饭也要尽量少吃,因为稻米属于"淀粉类"的食物,吃多了也会发胖。所以,要想成功减肥,就要管住自己的嘴。

妈妈似乎看出来我有点不好好吃东西,除了吃饭的时候叨叨两句之外,这几天把饭菜做得色香味俱全,今天是"叉烧鸡腿",明天是"蟹棒炒虾仁",总之,拿出十八般武艺,希望能勾起我的食欲。

看到老妈做出的菜肴,我口水都要流出来了,恨不得把一整盘菜端到眼前大吃一气,可是,自己已经下定决心要减肥了啊,在苗条和美食之间,一定要舍弃一个。

"无论多么好吃的菜,都诱惑不了我。波波,千万不能吃,吃了你总还是那么胖。"我在和自己作心理斗争,还好,抗住了,没有动筷子去尝。

"来,波波,就吃一口,你一定会喜欢妈妈做的菜。"

"不行,一口也不吃,不想吃。"面对如此的考验,我要保持住自己的气节。

我拿起筷子,只吃桌上的那一盘"素炒笋片",希望自己能保持吃素。

"波波,最近一段时间,看你总是不好好吃饭,是怎么回事啊?"妈妈直截了当地问我,"是不是想减肥啊?"

看到妈妈胸有成竹地问话,我点了点头,承认了。

"俗话说了,一口不能吃成胖子,一下子也不可能吃成瘦子啊。你现在正处于青春期的发育阶段,身材稍稍胖一点没有什么不好啊。可能你认为,你的体重是和你每天吃多少有直接关系的,如果你超重或是肥胖,一定是与你长期过度饮食有关。所以你就觉得如果以后吃得少了,就可以减肥了,对吧?"

"是啊,我就是这样想的,"老妈真是神算啊,"胖了一点都不好看。"

"其实你这样想是错的,这是一个误区。事实上,如果你吃得很少,体重当然会减轻,但减得更多的是肌肉,而不是脂肪。人的身体非常聪明,它会在食物充足的时候储藏能量,在你饿的时候节约能量。当你在绝食或者减少饮食的时候,你的身体会以为饥荒来了,它就会尽可能地节约能量,把你的新陈代谢水平降下来。而肌肉往往被首先划分出来供给能量。这时,你会觉得不想动,总想休息,无精打采。"妈妈很专业地帮我分析了一下这样减肥的不可行性。

"如果用这样的方法减肥,我敢断定你不会坚持太久,因为强烈的饥饿感和食欲会逐渐超过你最开始减肥的决心。到那时,你又开始了原来的饮食习惯,继续大吃大喝,你的体重也会迅速增加,甚至超过了你原来的重量。"

听了老妈的一番分析,我恍然大悟,顿时觉得妈妈的话有道理。

青春密语:

除了容貌,青春期女孩还很在乎自己的身材,甚至为了苗条而不惜节食,这样做的结果是损害了健康。有的甚至以绝食来实现迅速减肥的目的。实际上,这都是不科学的减肥方法。

首先,青春期是身体发育最快的时期,身体需要充足而均衡的营养,而节食势必造成营养缺乏,从而给身体造成极大的危害。

其次,合理均衡的饮食既可以保证身体所需的营养,同时也能避免过分摄入热量,导致脂肪成堆。

最后,减肥不仅要控制饮食,而且要在作息和运动上下功夫,不给身体胖起来的机会。

关于饮食,可以这样做:

饮食要有规律,早、中、晚餐按时吃,但每顿饭不要吃得过饱。早餐要吃好,油腻的东西要少吃;晚餐不能吃太多,如果夜深复习功课,可喝杯牛奶。吃完饭不要立刻坐或躺,至少要站立或走动一会儿,让食物得以消化。最好不吃零食,特别是膨化食品。

另外，一定要多喝水，身体发育期间，比较容易堆积毒素或者上火，多喝水能帮助排毒，补充身体水分。

要注意运动。比如课间少坐，多站起来走走或者站一站，上体育课尽量多运动。假如没有运动，应保证一天半个小时以上的散步。另外，可以学一些舞蹈或瑜伽，都有助于减肥。

青春期要保证充足的睡眠，不但能有助于控制体重，还有助于长高。

还有很重要的一点：要相信自己的内在美！外表往往是个人无法控制的一部分，只有注重内在的修养，才能有完美的青春和人生，自然清新、阳光活泼，可是比漂亮的外貌还无敌的。

第八章

"危险"的青春，离我很近

危险无处不在，尤其对于青春期的孩子们来说，到处都充满了诱惑。虚幻的网络、神秘的网友、奇妙的毒品、刺激的赌博、五彩斑斓的酒吧……危险，真的离你很近。

一不小心,我网恋了

我有了自己的QQ号,里面不仅加了很多同学、老师、亲人、朋友,还有一些我在网络上认识的朋友。

那天有一个陌生的好友信息,他的名字叫"一叶知秋",请求信息上只写了"不爱风花雪月,一心只读圣贤书",妈妈教过我不要随便加陌生人,但直觉告诉我这个人非常有意思,而且素质一定很高。于是我通过了他的请求,开始跟他交谈。

事实证明,他并没有让我失望。在QQ中,我们侃侃而谈,让我有一种找到了知己的感觉。

慢慢地,我们海阔天空地聊了更多,他的知识很渊博,我什么问题都难不倒他。当我难过伤心时,他还会帮我解答难题。这跟妈妈对我的爱护完全不一样,让我第一次有了一种被其他人呵护的感觉,尤其这个人还是个男孩。

我不敢问他的姓名,不敢问他的年龄,甚至他的长相我也不知道,但是我想,自己已经迷恋上这个玉树临风的男子,他的风度、他的幽默、他的博学、他的才华……这一切的一切都如此顺理成章地成为我思念的主题。我经常会幻想他的存在,是否与我心目中的白马王子吻合,但又不敢确认。

一想到他,我会傻笑,会心跳。难道我真的爱上这个网络里的ID?喜欢上了这个现实生活中根本见不到的男人?

这多疯狂啊,又多刺激……

有一天,妈妈又发现了我在网上跟他聊天,说:"筱筱,上网的时间已经过了,快点下线!"

"就一会儿嘛!"我正跟"一叶知秋"讲述我们学校的趣事,把他逗得开怀大笑。

"我刚才说你的时候,你就说'一会儿',现在还是'一会儿',你的'一会儿'到底有多久?"妈妈生气了。

"没看人家正忙着吗?真小气,等一会儿也不行!"

这时妈妈冲过来拔了我的网线,我立刻生气了,马上说:"你在干什么啊?我还没有跟他道别呢!"

"道别?什么道别?跟谁?"

"跟我的白马王子!我喜欢的人!我以后要嫁的人!"我大吼。

妈妈被我吓住了,她不敢置信地问:"筱筱,那人是谁?网友?"

"对,就是网友,但是你不能阻止我对他的爱!"

妈妈一个踉跄,说:"你,你居然网恋了……"

青春密语:

对青春期女孩来说,爱情本身就是充满着神秘和诱惑的,是非常吸引她们的。而网络的发达和普及,网络的虚拟,使得女孩子放下了戒备心理,觉得彼此不见面,只通过网络交谈,可以放心地敞开心扉。殊不知，正是这样的想法导致很多青春期女孩深陷网恋之中无法自拔。

某报曾刊登了《网上交友惹杀身之祸，花季少女被抛尸河中》一文，看后着实让人痛心。这是一起典型的网恋危害事故，18岁的少女正处于如花季节，却因迷上网恋而遭遇"海誓山盟"的"男友"杀害，使生命过早地凋谢……

对青春期的女孩而言，网络固然是虚拟的，可能不会很快和当事的另一方见面，但是，她们思想的单纯、幼稚，缺乏必要的社会阅历，总是对未来抱有美好的幻想，难以识别网络上的谎言，容易被网上"爱情高手"的甜言蜜语所迷惑；因学习任务重，生活单调乏味，学习压力大，通过网恋来缓解压力，得到情感寄托；青春期孩子性意识和性心理获得了很大的发展，她们渴望爱情，而网恋正提供了这种机会。

这些都是导致青春期女孩加入网恋大军的原因。而且，受伤害的居多。有的直接使自己深陷网络之中难以自拔，不但荒废了学业，而且改变了自己对人生和爱情的看法，甚至对此发生了扭曲，留下难以磨灭的心理阴影，对以后的恋爱、婚姻生活都会产生长远的影响。

因此，青春期的女孩要尽量认识到网恋的害处，避免陷入网恋，可以试着从以下几个方面去做。

1. 网恋弊端重重

对处于青春期的女孩来说，网恋有弊无利，虽然它可能会很美好，却常常是"美丽的罂粟花"。因而，女孩要充分认识到网恋的各种弊端，不被网上陌生人的甜言蜜语所迷惑，拒绝网恋。

2. 正确认识爱情

爱情不仅仅是能够和对方互相"分担苦恼，分享快乐"，还需要彼此的生活方式、性格、脾气、优缺点、价值观、理想和追求等各方面的互相融合和彼此接纳，还意味着责任和义务。而青春期女孩的网恋往往只局限于互相"分担苦恼，分享快乐"的粗浅层面，与真正的爱情还有很大的差距，因而一旦投入了感情往往会受到很大的伤害。

3. 在现实中寻找情感寄托

现实中的很多人都可以成为青春期女孩的情感依靠对象，比如父母、老师、亲人、好朋友。只是青春期女孩习惯于将自己包藏在厚厚的铠甲中，才让自己成为孤独寂寞、缺乏情感寄托的人。善于在现实生活中寻找情感寄托，就能很好地避免因情感空虚而去网络中寻找爱情的寄托。

4. 丰富自己的生活

生活单调、没有什么追求且没有情感寄托的人更容易陷入网恋。因而，青春期女孩要努力使自己的现实生活丰富多彩，多参加各种集体活动。这样，在现实生活中有很多有趣的事情吸引自己，就不容易陷入网恋难以自拔了。

对网恋多一分清醒，少一分沉醉，这样才能把握好自己当前的生活，为自己创造美好的未来。

好奇心让我沾染上毒品

我的小苦恼

有一次和朋友去歌厅,看到一些年轻人在疯狂的音乐节奏中摇头不止,后来我才知道他们服用了最流行的摇头丸,我觉得他们非常时尚,简直是酷毙了。朋友说毒品能让人舒筋活络,我便萌生了试一试的念头,我该不该去尝试一下呢?

青春密语:

青春期女孩们不断长大,对未知世界的探索和掌控欲逐渐增强,她们愿意尝试很多新鲜的事物,来表明自己的"时髦"和"酷"。原本这样的冒险精神是好的,只是要找对方向。可偏偏很多青春期孩子在这种好奇心的诱导下,在缺乏自己控制的情况下,吸食了毒品,等发觉的时候为时已晚。而由此带来的问题是,她们缺乏经济来源,又不敢和家里要,最后只好去偷,去抢,带来严重的社会问题。

毒品在给人带来短暂快感的同时,对人的心理和生理产生严重破坏。在心理上，毒品作用于人的神经系统会出现一种精神效应，使人对毒品产生强烈的渴求。毒品会摧毁吸毒者的精神和意志，使其堕落、道德沦丧，出现人格解体、心理变态、丧失人性等。一旦停止食用毒品，人体的生理功能就会发生紊乱，并伴有不安、焦虑、忽冷忽热、流泪、出汗、恶心、呕吐、腹痛、腹泻等不适感。久而久之，会导致记忆力衰退，营养严重不足，抵抗力下降等多种疾病发生。

青春期是人类成长过程中最旺盛的阶段，也是心理发展最不稳定的一个阶段，生理和心理都不成熟，一旦染上毒品，无疑是走上了一条通往地狱的绝望之路。一旦吸毒成瘾，会导致记忆力衰退、学习能力降低、身体免疫力下降、增加多种疾病的发生率，严重摧残身心健康。如果采用静脉注射、肌肉或皮下注射的方式吸毒，注射器和针头的消毒效果不好，还会传染皮肤病、性病、艾滋病等。

青少年吸毒败坏了社会风气，危害了社会治安，更重要的是，它形成了一个恶性循环。吸毒，需要毒资，于是吸毒者腐蚀引诱更多的无辜青少年陷入泥潭，助长和刺激了毒品犯罪。

有健康的身心，才有光明的未来。为了更长远的人生，所有的孩子们都应该珍爱生命，拒绝毒品。

钱来得太容易，我坠入了赌博的悬崖

我的小苦恼

我叫姚姚，今年16岁，父母在我很小的时候就离婚了，初中我就辍学回家了，后来在一家街道工厂工作。有一天，我去要好的一个同事家玩。没想到一到她家便是满屋烟雾和"稀里哗啦"的麻将声。

出于好奇，我就坐下来看了几圈。没想到竟看出点门道来。恰巧有人因事走开，我就自告奋勇，补上一个缺。不知是运气好，还是我天生就是打麻将的料，一圈下来，我竟赢了。当牌友们主动给我扔过来几张小额钞票时，我喜上眉梢，心头一震：这钱来得多容易！

也就是从那时起，我着了魔似的迷上了赌博。后来连班也不上了。父亲知道后，把我狠狠地打了一顿，并把我锁在家里，但我赌瘾一发，便顾不得许多，跳窗而去。我是不是不可救药了？

青春密语：

所谓"小赌怡情"，当成人以这种方式娱乐的时候，他们没有想到，自己的这种做法对孩子的影响有多深。当孩子对赌博习以为常的时候，他也就失去了免疫力，而一旦迷上赌博，那就会一发不可收拾。

从另一个角度来看，青春期的孩子身体正处于快速生长阶段，还没有形成独立的人格，缺乏较强的心理承受能力，因此无法轻易排除心理上的苦恼与生活中的压力。此外，随着自我意识的萌芽与发展，强烈的独立意识特别容易使他们产生逆反心理，常常以非正常的方式——赌博、群居、出走等超年龄与超社会规范的方式表现出来，这些方式往往成了他们寻求快乐或是排解苦恼的方式。

青春期的孩子参与赌博主要与下列因素有关：

1. 好奇心

青春期孩子好奇心很重，对自己不知道的事情总是充满着兴趣。一项调查显示，在青少年赌博人群中，有80%以上是在不知道赌博危害的情况下成瘾的。一些青少年认为"我只想知道赌博是怎么回事""赌一次不要紧"等心态，在赌博面前放任自己的好奇心，结果深陷其中。

2. 盲目地模仿

大多数青春期孩子都渴望接触新事物，体验新生活，他们很善于用模仿来满足自己的这种心理需求。但是，很多时候，他们不管这种新事物是否对自己有益，更不会去辨别新事物是否对自己有害，由于是盲目仿效，所以极其危险。比如，学电影里的赌王、赌神之类的。

3. 精神空虚

有一些青春期孩子因为父母离异、家庭关系紧张、学习压力大、师生关系不好、考试受挫等原因引起精神苦闷，情绪低落，精神空虚。还有一些青春期孩子家庭条件优裕，不爱学习，缺少健康的精神食粮。他们试图用赌博来解脱自己，结果自然是难以如愿了。

4. 寻求刺激

很多青春期孩子只看到赢了来钱快、轻松，所以总跃跃欲试。当真的赢了一把后，他就会被这种感觉所刺激，不断地继续寻求，不知不觉中越陷越深。到最后，无论输赢，他们都难以自拔了。

5. 逆反心理

大人总会告诫青春期孩子千万别赌博，但是青春期孩子的逆反心理促使他们就要这么干。他们以为自己是独立的，是能够为自己的行为负责的，是能够独立存在的，结果染上赌博才发现，一切不过是年少轻狂罢了。

鉴于赌博害处很多，青春期女孩一定要坚决杜绝赌博，青春期女孩一定要认识到赌博的种种害处。

（1）赌博易使人产生贪欲，久而久之会使人生观、价值观发生扭曲。

（2）大量浪费学习和休息的时间，以至于严重影响学习。

（3）毒害心灵，易使人产生好逸恶劳、尔虞我诈、侥幸等不良的心理。

（4）容易沾上吸烟、饮酒、偷窃、说谎、打架等坏行为。

可怕的网友见面经历

今天上网时,QQ好友再一次请求和我见面,他说:希望我俩的友情能走出网络,能做现实中的好朋友。

经不住他的再三邀约,我答应了,时间定在周日中午12点,地点就在我家附近的麦当劳。

其实,我一直很期待和网络那边的QQ好友见面,虽说我俩已经是老朋友了(我俩在QQ上整整聊了一年呢),可是,我对"他"仍然有许多的期待和幻想,"他"是一个怎样的男生呢?是否在现实生活中也是个风趣、幽默、善解人意的大哥哥呢?我们能在网络之外做好朋友吗?我偷偷"爱"着的那个人长什么样呢?这些问题,的确是真正见到"真人"才能得到答案,想到这里,我不禁觉得和"他"见面是个明智的决定。

充满期待的周日终于到来了,一大早我便开始梳妆打扮,第一次和他见面当然要花些心思啦。

时钟指向了中午11点,我正准备出门赴约之时,被老妈叫住了:"纹纹,快吃午饭了,你还上哪里去呀?"

"我,我约了同学一起,一起逛街啦,午饭在外边吃了。"我支吾道，我决定不和妈妈说实话，大人们总是喜欢小题大做，说不定会把我的约会搅黄呢。

"哦？"老妈有点起疑心了，继续问道，"和哪个同学呀？纹纹，你只要一说假话就结巴，你答应过妈妈，不再说谎的。"老妈果然厉害，一语点破我的谎言。

算了，还是和她说实话吧，反正见网友又不是什么不好的事情，我坦白道："我约了一个网友待会儿见面，就在附近的麦当劳，公共场合，没什么危险系数的，你放心吧。"

还没等妈妈继续发话，我迅速"溜了"出来，要是再等她老人家慢慢盘问的话，我的约会绝对迟到！

中午12点，我和他准时"碰头"了。他是个个子挺高的男生，不过看起来年纪有些大，我俩真正交谈起来也远没有了网络上的那种投机了，看来，网络和现实还是有些差别的呀。要不怎么有"见光死"这一词呢？我心里暗暗琢磨，该是找借口说再见的时候了。

他似乎也看出了我的想法，有些不高兴了，说道："你是不是挺失望的？我和网络上的反差大吗？"

我如实地点点头说道："不过，我们还可以做'网络好友'呀。"

"什么叫'网络好友'？我约你出来就是想当你现实生活里的朋友，你一下子怎么能了解我的全部呢？要不你和我回我家坐坐吧，我们再好好聊聊！"他越说越激动。

我眼见情况不对劲了，立刻拒绝道："我要回家了，再见。"说时迟，那时快，他竟然一把抓住我的手，有些恼怒地喝道："不许走，和我回家……"这种情形是我原先未曾预料到的呀，我这时真有点吓傻了，嘴里只是不停地说："放手，放手……"就在这个时刻，妈妈如守护神般突然出现在我的面前，大声说道："请放开我女儿！"

他慌了，立刻松开了我的手，转身溜了。

妈妈看着惊魂未定的我，安慰道："没事儿了，幸亏我及时跟了出来，要不可就出大事了。"

我感激地望着老妈，说道："多亏了你呀……妈妈，今天有惊无险，看来，我见网友的决定是有点草率了。"

就这样，我第一次与网友见面便以可怕的情形收场了，看来，虚拟世界和现实生活是不应该混为一谈的。

青春密语：

对青春期的女孩来说，交网友是很刺激的事情，想象着那边那个人的长相、个头，想象着在一起的愉快和激动，甚至想象着彼此的爱恋。可是，正因为这种神秘性使得未知的不可预测性加大。再加上缺乏必要的社会经验，很容易受伤害。

不可否认，网上交友是现代人交际的一种方式，但是，这种交往方式是以虚拟为前提的，很可能看到的只是表面，而看不到对方的本质，这就为彼此的关系埋下了隐患。

因此，网上交友并不是不可以，但是要注意以下几点。

1. 交友一定要谨慎

网络是个虚拟的世界，网上交友无疑比现实生活中交友缺乏真实性，要在网上交到一个真诚的好友很难。许多网民的姓名、单位、年龄等资料都是假的，这就容易令涉世不深的青春期的你上当。另外，网络中的人，在聊天过程中总是美化自己误导对方。所谓"知人知面不知心"，现实中，我们要了解一个朋友需要花较长一段时期，何况是在虚拟的网络世界中呢？因此，青春期的你在网络上交友一定要慎之又慎。

2. 一定要记住不可以随便与网友见面

3. 如果真有必要见面，要加强自我保护意识

与网友约会见面，无疑是件令人兴奋和充满期待的事，但网友毕竟还是陌生人，与陌生人见面，你最好叫上同学一同陪伴，或者让爸爸妈妈陪着一块儿去。初次见面一定要选择公共场所，见面后不要接任何别人单独给你买的东西吃，特别是饮料。

我迷恋明星有错吗

我叫艾玲，是一名高三的学生，高三本是学习的关键时刻，然而我却没有学习的心情。因为我喜欢的偶像韩庚马上就要在离我不远的城市——深圳，开演唱会了。

自从第一眼看到韩庚，我便被他深深地吸引了，这几年，我的心一直追随着韩庚，可以用迷恋来形容。平时我省吃俭用，钱都用来购买韩庚的专辑，他喜欢的东西，我也喜欢，他的一举一动都成了我效仿的对象。为了表达我对他的喜爱，我偷偷在父母看不到的地方纹了韩庚的名字，也为了参加韩庚这次在深圳的演唱会，我每天中午不吃饭，把父母给的饭钱都偷偷存了下来，坚持了三个月，我终于如愿买了一张韩庚演唱会的门票，这几天我兴奋得不得了，就等着时间一到，马上与自己的偶像见面了。

兴奋归兴奋，但我的身体却出了状况。高三正是学习和用脑的时候，也许是因为我长期不吃午饭的原因，一天早晨起床后，我突然晕倒了，爸爸妈妈吓坏了，赶紧把我送到了医院。医生检查后，说我营养不良，爸爸妈妈很奇怪，为了我能考上好的大学，爸爸妈妈从来不吝啬我的饭钱，每天都是给很充足的钱，怕我吃不好。

在爸爸妈妈的逼问下，我终于告诉他们我是为了去参加偶像的演唱会而每天不吃午饭。爸爸妈妈很生气，他们觉得不能理解，一个人怎么可以为了看一场演唱会，而三个月不吃午饭。我也解释不清楚，我只知道，韩庚是我的精神力量。但是我也知道，迷恋偶像确实影响了我的学习和身体健康。我迷茫了，谁能告诉我，迷恋明星是对是错？

青春密语：

人们总是对那些在某个方面取得突出成就的人心生倾慕，这本无可厚非。

心理学家指出：青春期孩子社会角色意识开始觉醒，渴望得到自我认同和社会认同，而明星受公众追捧、风光无限，往往成为青春期孩子模仿的榜样。通过模仿明星的服饰、爱好、习惯，想象自己也像那个被人喜欢的人，借此获得满足感；因为喜欢明星而喜欢自己，因为有一群人都喜欢某个明星，因而获得自信与归属感，是青春期孩子特有的心理表现。

不可否认，如果青春期孩子通过追星，学习某位明星勤奋刻苦、认真踏实、不屈不挠的品质，那自然是有益的。但是如果盲目地、不加分辨地追星，则可能如同赌博一般陷入迷局，误了自己的青春。

心理学上的"光环效应"可以更好地解释青春期孩子盲目追星的现象。光环效应是指人们首先根据个人的好恶对他人进行认知判断，然后再从这个判断推论出认知对象的其他品质的现象。比如，青春期孩子喜欢某位明星，就觉得那个明星什么都好，等到哪天明星爆出了丑闻，他也不愿接受，还是"一往情深"，甚至为明星辩护。这就不可取了，崇拜明星固然可以促使自己学习和进步，但是过度迷恋明星却是一种病态，是一种心理疾患。那些追星到了痴迷程度的青春期孩子有可能会做出某些极端的行为或出现心理问题，给自己和别人带来伤害。

因此，青春期的女孩绝不要盲目崇拜明星，要适可而止。具体来说，要做到以下几点。

1. 全面、客观地评价明星

明星在公众面前总是表现出自己美好、成功的一面，这很容易让一些追星的青春期孩子受"光环效应"的影响，只看到明星光彩的一面，却看不到他们的缺陷和不足。明星也是人，青春期孩子要清楚地认识到自己所崇拜的明星也会有缺点，甚至有可能在生活中是个"有问题的人"，这样就容易避免过度地迷恋明星。

2. 学习明星身上的优点

不可否认，青春期孩子崇拜明星可能是因为他喜欢对方身上的某些优点。事实上，追星本身无可厚非，关键是看学习明星身上的什么东西。如果努力学习明星身上的各种优点，学习明星为了事业而努力奋斗的精神，这样的"追星"是更有意义的。

3. 追星的同时不要忘记自己作为学生的责任

过于狂热的追星常常会让青春期孩子颠倒自己生活的主次，忘记自己的主要职责——学习。为了追星而耽搁或放弃学业是没有任何意义的，所以，不盲目地、过于狂热地追星，始终把学业放在最重要的位置，才是青春期孩子最明智的做法。

娱乐场所，能去还是不能去

爸爸妈妈特别不喜欢我到娱乐场所，每当我说要和朋友一起去迪厅玩，爸爸妈妈就紧张得不行，甚至还会横加阻拦，有时还会和我大吵一顿，真不知道是他们错了，还是我错了？他们怎么就不明白呢，我已经长大了，能照顾好自己了。

青春密语：

很多国家的法律规定，不向未成年人出售烟酒，不允许未成年人进入网吧、歌厅等娱乐场所，这就是告诉人们，对心智上不成熟的青春期孩子而言，这些对他们的身心是有伤害的，所以还是少接触、不接触为好。

青春期的孩子爱玩是天性，再加上强烈的好奇心，任何新鲜的东西都愿意尝试和涉足，溜冰场、游乐园、歌厅、迪厅都是他们喜欢去的地方。但需要慎重的是，娱乐场所鱼龙混杂，有一些人是抱着不良企图和目的来的，如果不能很好地保护自己，就很可能受到伤害。

在现实生活中，类似的情况有很多，报纸上、电视上就曾多次报道过。一些人徘徊在娱乐场所里，一有年轻的女孩出现，就伺机采取行动。而许多女孩，则因为涉世不深，很轻易就会上当，结果给自己的身心带来巨大的伤害。

对青春期的女孩来说，娱乐场所尽量不要涉足。如果一定要去，以下一些注意事项是必须要牢记的。

1. 避免单独一个人去

最好和朋友一同前往。单独出现在娱乐场所的女孩，最容易成为意图不轨者狩猎的猎物。青春期的女孩寻求刺激，或者充满好奇，很容易被陌生人搭讪，而放松戒备的结果就是上当受骗，甚至遭遇更大的伤害。

2. 衣着不要太暴露

女孩子爱漂亮，但是去娱乐场所时尽量不要穿太短的裙子或暴露太多的衣服。

3. 看住自己的饮料

出入娱乐场所如果喝饮料，除非觉得在场的人都很熟悉且值得信任，否则千万不要随便离开座位，以免坏人在杯子中放入某些药物。如果起身去跳舞，回来时要换一杯新的。

4. 特别小心朋友的朋友

利用强奸药片得逞的强暴案，最常发生在认识的人之间。所以，当你和一群朋友，还有朋友的朋友一同在娱乐场所玩耍时，事实上是你最该小心的时候，因为熟悉的人最容易使你放松戒心。

5. 不要抽别人递过来的烟

一个染上了毒瘾的女孩，这样讲述了自己的经历：有一次，她的朋友过生日，请了很多人去酒吧庆祝，在一起玩的时候，一个男的递给了她一根烟，出于好奇，她接过烟抽了起来，不曾想到，那烟里面放了毒品。

6. 要有时间节制

女孩去娱乐场所，一定不要玩得太晚。

7. 不要让陌生人送你回家

无论你多喜欢新结识的男生，记着别让他送你回家。要知道，在娱乐场所的短暂交谈，还不足以使你了解他，一次谈话无法把一个人，尤其是把他的本质看清楚。如果你一个人不敢回家，可让熟悉的朋友送，或者打电话让家人去接你。

夜间出行，真的有危险吗

我的小苦恼

我爸爸妈妈对我非常严格，他们给我制定了一项又一项的家规，不准这个不准那个，最让我不能接受的是，每天晚上九点以后不能出门，如果非有必要，一定要有人陪同。我已经长大了，为什么还要像小孩子一样被管着呢，而且他们这样把我当成什么了，需要看管的犯人吗？

青春密语：

青春期女孩经常希望挣脱家人的管束，甚至是彻底摆脱，从此无忧无虑地做自己想做的事情。正因为这种叛逆心理太强了，所以她们把家人的关心、提醒也看成是管束，极力想要摆脱，这种迫切的心理可能导致盲目排斥或者适得其反的情况。

比如，父母提醒孩子晚上太晚出门危险，是对孩子的关心和善意提醒，但孩子会觉得我大了，不再是小孩子了，不需要也不害怕。有的甚至一意孤行，结果遭受伤害。

一个女孩这样讲过她的故事：

有一天晚上，都快到10点了，她忽然接到了一个朋友打来的电话，原来是她们初中时的一个好朋友刚从外地回来，大家找了一家KTV准备为她接风。她的父母听了，不同意她这么晚出去，可她就是不听父母的，执意去见朋友。

大家见了面好不热闹，唱歌、吃东西一阵疯玩，等聚会结束时，都将近凌晨两点了。她家和别人不在同一个方向，再加上太晚，她谢绝了同学送她回家的提议，一个人往回家的方向走。当她走到一个拐弯处时，一个人突然从后面抱住了她，企图非礼，她慌了，大声喊救命，可这会儿一个人影也没有，可谓是叫天天不应叫地地不灵。她奋力挣扎，可她一个弱女子怎能抵得过力大的男人，正当她绝望时，前面好像有人拿着手电筒走过来，这男的一看有人，放开她转身跑了。她定睛一看，原来是她的父母，这么晚了她还不回家，他们不放心，就出来看看。

多险啊！如果她的父母没有出来找她，那结果真是不堪设想。

当然，事情不是绝对的，不是说太晚了就绝对不能出门，如果有事必须出门，那就事先做好充分的准备，一定要注意以下几点：

（1）有外出需要及时订好出行计划，合理安排时间，最好不要在晚上9点以后单独外出，减少出行危险。

（2）先告诉父母自己去哪里，大约何时回来，与谁在一起，联系方法是什么。

（3）确需夜间外出或深夜回家，可请家人或朋友相送同行，尽量不要独自一人。

（4）要走灯光明亮的大道，不抄近道走小路。

（5）不搭乘陌生人的顺路车。

（6）包最好选择可以斜挎的款式，所背挎包不要置于靠马路的一边肩膀上，容易被抢。

（7）避免穿太高太细的高跟鞋、紧身的裤装及过窄的裙子，否则在遇袭后不利于逃跑。

（8）随身可携带剪刀、小哨子、带有喷头的发胶等用于自救，还可以将手机预拨报警号码，以便遇袭时紧急报警。

（9）不要在胸前挂手机、项链等，贵重物品尽量不要携带。

（10）行走过程中要多留意前后左右，如果发现有可疑的人或车辆在附近，迅速避开。

（11）走夜路时，一定要昂首挺胸，即使害怕，也要抖擞精神，要让企图袭击你的人望而却步。

第九章

学习，这件"恼人的事"

心理学家说：青少年步入青春期，就犹如走进了五彩缤纷的春天，春天里百花盛开，细雨蒙蒙，充满了生机和希望；但春天里也同样有乌云风沙，甚至狂风暴雨，厌烦学习，讨厌考试……出现一系列令人头疼而又不得不面对的事情。青春期真是令人迷茫、困惑，找不到方向……

最恐惧的家长会又要召开了

我的小苦恼

"怎么办？怎么办？又要开家长会了，这次期末考试我的名次倒退了5名，回家一定会被妈妈训一顿，怎么办啊？"

我最讨厌开家长会，一堆家长跟老师凑一起肯定没好事，一定都在打我们的小报告，每次家长会之后我都要提心吊胆，日子太不好过了！

可是回到家，我还是硬着头皮对妈妈说："明天要开家长会了。"

妈妈看着我垂头丧气的样子，突然笑了，说："怎么了，这么没精打采的？家长会还能要了你的命啊？去的人是我又不是你。"

"但是，归根结底，受害人是我啊！"

"小雪同学，我要代表老师批评你了。其实家长会只是老师与家长的一次沟通，让我们知道你的班级是如何运作、你的学习情况是什么样的，并且鼓励我们好好教育你们这些祖国幼苗，其实我的压力才大呢！你的老师为了你们，压力更大。所以，家长会是将我和老师的压力中和，寻找一个更有效的解决办法，这可都是为了你啊。你还有什么好抱怨的呢？"

"妈妈，你真是太开明了，希望爸爸也像你这么想。"

青春密语：

开家长会似乎从来都是让学生头疼的事情，家长会在很多学生看来，似乎成了老师的告状会。很多学生一听说要开家长会就惊慌失措，甚至，为了应付老师，想出了花钱找人替家长，找亲戚假冒父母的事情。

对青春期的女孩而言，开家长会不是老师和家长的沟通交流，而是彼此的"告状"和"揭短"，而当事人则是自己。青春期女孩的秘密很多，也不愿意和别人分享，尤其是老师和家长，但是，家长和老师则会"无所顾忌"地互通有无，让孩子们感觉到了被侵犯和不受尊重，抵触心理很大，甚至做出极端的事情。其实这是女孩们错误地理解了老师和家长，如果女孩们能站在老师和家长的角度看待这个问题，那么事情就变得没这么复杂，要知道家长和老师的沟通是为了更好地了解你的情况，为了你能更好地成长。

我不想再做考试成绩的"奴隶"

我的小苦恼

这学期就要进行中考了，同学们都铆足了劲儿准备进行最后的冲刺，大家对每一次模拟考试都很重视，因为通过考试成绩便可折射出自己本阶段的学习效果。

虽说班里已经取消了考试排名，但同学们心里都很清楚自己的成绩到底位于第几位。大家似乎都成了考试成绩的"奴隶"。

在这样的气氛下，我自然也不敢松懈了，每天的生活都是"两点一线"——学校、家里。爸爸妈妈倒是很开明，他们没有像其他同学的父母下达什么"升学目标"，更没有"一定要考进重点高中"的"强烈愿望"。他们只是希望我尽自己最大的努力便行，至于结果如何，他们没有做硬性要求。

然而，俗话说得好："不想当将军的士兵不是好士兵。"同理，"不想考上重点高中的学生不是好学生"。我当前的目标就是考进重点高中！

哎，愿望总是美好的，可现实总是残酷的。

这次的模拟考成绩下来了，我的总分比上次整整低了20分。按照现在的情况来分析，我考进重点高中的愿望十有八九是要泡汤了！而最让我难以接受的是，我这次的总分比小晴低了30多分，别看我俩平时挺铁的，其实在学习上我们是暗自较劲的。这次成了人家的手下败将，真是丢脸。

要是我考试的时候再认真一些就好了，那就不至于因为粗心的关系，白白丢掉这么多分；要是我晚上少睡一会儿，多看一会儿书的话，那或许排名就不会不升反降了；要是……哎，别假设了。我现在快变成"祥林嫂"啦。

郁闷，极度的郁闷！

青春密语：

在应试教育占主导地位的今天，成绩无疑是压在学生头上的一座大山。学校的大排名、家长的不断要求，使得孩子们闻"分"色变，甚至为了考个好成绩而"不择手段"。这显然是不正常的。

但是，从另一个角度来看，成绩是对过去学习情况的检查，是一种手段，而不是结果。考得不好说明还需要多加努力；考得好也不能骄傲，还需要弥补不足。这才是青春期孩子应有的正确面对成绩的心态。

积极进取本是一件非常好的品质，但若过于在意分数，过于与他人相比较，则会陷入不必要的烦恼之中。某一阶段的成绩只代表着这一时段的学习情况，这一时段里成绩的波动，或许会有其他原因，比如，青春期生理、心理上的变化。

若成绩的波动仅仅是因为青春期生理或者心理上的变化，

那么，下面是几点小建议，希望能帮助青春期女孩走出过于看重成绩的心理误区。

1. 端正和提高成就动机

成就动机是一种想做好事情的动力，它与个人对自己的高要求、高标准有关，就学生来说成就动机还和学习效率很有关系。为提高成就动机和能够取得理想的成绩，建议加强对自己独立性的训练，例如找到适合自己的学习方法；树立强大的责任感；勤奋、努力；等等，这样，就会获得较大的成功机会。

2. 积极开拓思维提高创新意识

学习是一个过程，它应是多方位、多层次的，学习不仅是向书本学习，还要向社会学习，向生活环境学习，因此不要把自己放在狭窄的学习圈里，只有走向社会才能获取大量的科学信息，才能激发自己的创新意识，才能使学习和时代的要求相符合。

3. 增强自我监控能力

较强的自我监控能力能够帮助自己改变一些不良的学习习惯，并使自己积极向着设定的目标努力，例如克服拖拉的习惯，合理安排学习时间，学会先复习后再做作业以及勤学好问等。

对青春期女孩而言，面对考试要放轻松，不要有任何心理负担。不要做考试成绩的"奴隶"，要摆正心态，是否可以考个最高分，这并不重要。关键在于是否真正努力了，是否发挥了自己的全部潜力。

我得了"恐学症"

我的小苦恼

我叫丽丽,今年读高一下学期,一直以来我学习都很用功,所以成绩也是节节上升,并且稳定在年级前几名。老师和父母都很看好我,尤其是父母以我为荣,在别人面前说到我总是很开心、很得意。

最近一次重要的摸底考试,我考了年级第二名的好成绩。可是没过几天,我竟突发"怪症",对学习产生了一种恐惧感。

但是,看着父母、老师的殷殷期待,为了不辜负他们,我还是忍着恐惧拼命读书,当我成绩越来越好时,我的害怕也越来越厉害,我担心:"万一我考砸了怎么办?万一我退步了怎么办?"这些想法无时无刻不在折磨着我,我越想越害怕。

青春密语:

当成绩成为衡量一个孩子"好坏"的重要标尺,当家长、老师以考试的成败来论英雄,当学习不再是兴趣而是"折磨",当老师、父母的期待变成巨大的压力……这一切对青春期孩子而言都是造成他们对学习产生恐惧的原因。

有的孩子学习很努力，可是成绩总是不见大的长进，这本身就会形成压力，觉得自己的付出没有得到回报，进而产生动摇，自信心受打击，出现逆反心理；有的孩子学习成绩很好，但是很怕成绩出现波动，成绩高自不必说，成绩低了那就很受不了，觉得没面子，觉得辜负大家的期待。无论是哪种问题，都表明对学习孩子的心理负担太重了，这必然会影响最终的结果。

上面事例中的丽丽就背上了过重的心理负担，考了年级第二名应该是值得高兴的事情，可是反而让她很恐惧，怕下次成绩考不好。这种属于典型的自我过高预期造成的主观压力，也是目标超过实力造成的客观压力，如果不及时加以消除，往往会进一步产生自卑感。

针对类似的恐学症问题，从青春期孩子的角度来说，首先，要对自己有一个清醒的认识，要认识到自己的能力、潜力，要对自己有一个清醒明确的定位，这样，在成绩出现波动的时候，就不会带来巨大的压力，因为自己知道自己的能力是多大。

其次，要激发自己的学习动机，提高学习积极性和自觉性，努力提高成绩，只要付出足够多，就不怕成绩不理想。同时，这种做法有助于改变厌学的消极态度，消除主观的压力感。

最后，要建立客观的自我概念，对学业上的成功和失败有正确的认识。同时，还要对学习成绩形成正确的认知和态度。

我上课总喜欢开小差

我的小苦恼

我叫爽，14岁，初中二年级。最近不知道怎么了，上课总喜欢开小差。我也知道不对，可总是管不住自己。

上课铃声响了之后，同学们都坐在了自己的位子上。

老师开始上课。刚开始时，我还听课，后来觉得听课有些听不明白，很没意思，脑子里闪现出很多有意思的画面，其中有看过的动画片，有喜欢的毛绒玩具，有喜欢吃的零食，有平时开心的画面……

突然，我一抬头，发现老师正盯着我。我赶忙收敛心思，拿起笔在书上乱画了几下，装作听课的样子。可是，安静了没几分钟，我又不知不觉地玩起了橡皮，抠下一块又一块，一会儿擦擦书本，一会儿擦擦课桌，忙得不亦乐乎。其实，老师已经批评我好几次了，可是我就是管不住自己，有时候不知不觉地就走神了。突然清醒了，可是没一会儿又走神了。我也很苦恼，可是又没有很好的解决办法。

青春密语：

上课开小差是再正常不过的事情了，可是这是学习的大忌。上课不能专心听讲，必然会影响学习的效率。对青春期女孩来说，注意力不集中是她们学习的最主要障碍。

那么，为什么青春期的孩子上课容易走神呢？

首先需要找到导致上课走神的原因，比如身体原因（缺乏营养或者睡眠不好）导致精力不集中；外界干扰带来的影响；对学习感到枯燥、厌烦，自我转移注意力；等等。

青春期的孩子对很多事物有新奇感，自控力弱，大脑胡思乱想容易导致注意力不集中。针对这种情况，可以有针对性地采取以下措施加以调整和控制：

（1）注意休息，保证身心精力充沛，要劳逸结合，上课就不易分神。

（2）自觉控制自我，自己的感觉（视觉和听觉）、思维与动作要与老师活动相一致，上课时要"三看二动一听"。三看是指老师讲课看老师、老师板书看黑板、老师讲书或练习则看书和本子；二动是指动脑子、动手练习；一听是指一心一意听老师讲解或同学发言。

（3）借助外援，倘若自己是一个非常易分神的人，你不妨请老师或同桌帮助你，或在桌上写一个警示牌。

（4）上学时不带自己平常喜欢玩的东西。

（5）放松心情默想。当意识到自己无法集中注意力时，先不要强迫自己听课，先闭上眼睛，全身放松，缓慢呼吸，尽量

> 排除其他念头，全神贯注数自己的呼吸次数。大约两分钟后再睁开眼睛继续听课，这时你的注意力就会集中了。

压力让我喘不过气

我的小烦恼

我是家里的独生女，父母对我寄予了很高的期望。从刚上小学起，我每天的时间就被安排得满满当当了，比如，星期天早上起床后要练英语发音，上午阅读课外读物，下午学棋，晚上做数学练习题。我的父母认为，只有严格要求，才能将我培养成一个各方面表现都很出色的人才。

小学时的我也算争气，每一门功课都表现得非常出色。但是，即便如此，父母还是不太满意。每当我拿着自己的"得意之作"高高兴兴地回家给父母看时，得到的永远都是这样的回答："学无止境，不要以为考了第一就可以停滞不前了……"我几乎是听着这样的话度过了自己的小学生活。

后来，上了初中我经常脑子里一片混沌，老师讲的内容也全然不解。甚至常常逃课，去网吧玩游戏。我越来越觉得爸爸妈妈给我压力太大了，我离他们设定的目标永远都有距离，永远都达不到，与其这样，不如干脆放弃算了……

青春密语：

　　压力有时候是动力，有时候则是彻彻底底的阻力。俗话说"人无压力轻飘飘"，适当的压力能够促使人拿出更大的努力，激发自己的潜力来实现自己的目标。但是，如果这种压力过大，超过了心理承受能力，就会产生负面影响，抑制人在学习上的积极性和主动性的发挥，抑制人的潜能发挥，让人们望而却步，甚至产生逃离的想法。

　　调查结果表明：因为中考、高考等竞争因素，69.75%的初中生和67.84%的高中生表示心里紧张，并伴有焦虑情绪，甚至自卑。导致他们紧张的因素，主要是学习竞争太激烈、学习压力很大。也正是因为很多人无法承受如此大的压力，才导致近些年，学生自杀等令人痛心的事件屡屡发生。

　　对青春期的女孩而言，正处在走向成熟的阶段，心理上和身体上经受着巨大的变化，发育的速度快会导致她们来不及学习应对的方法，来不及准备应对的心理，必然会成为横亘在面前的巨大阻碍，最终变成巨大的精神压力。

　　因此，面对压力，逃避不是办法，最好的办法是解决掉压力，压力才不会成为阻碍。

1. 有张有弛、劳逸结合

　　学习是青春期孩子当前最主要的任务，也是对未来的一种最重要的积累。所以，学习是必须要完成的任务。但是，在学习的过程中采取不同的学习方法会得到不同的结果。一般来说，如果长时间不间断地学习，大脑就容易疲劳，其效率就会降低。因此，学习要有张有弛，劳逸结合，合理安排学习、休息、娱乐时间。切记，学习时间长并不一定效率高，学习时间短也并不一定没效果，关键是要提高单位时间的学习效率，这样才能让身体得到及时的休息，为下一次的学习做好充分的准备。

2. 不要过分追求完美

完美是不存在的，或者只是存在于人们的意识之中，在现实生活中，做到尽力就够了，只要按照计划、按照要求达到了预期的学习目的，发挥自己最大的能力，不留遗憾就可以了。否则，过分追求完美常常会给自己很大的压力。不一定要把所有的题目都做对，不一定要把所有的知识都学会，不一定要门门、次次考第一名。不要苛求自己，只要尽力而为，学习反而会变得轻松，成绩反而会提升更快。

3. 适度宣泄

压力就像是水，人的承受能力就是大坝，如果水蓄得太多了，超过了大坝的承受能力，那就面临着溃塌的危险，所以及时泄洪是很有必要的。当感到精神压力过大的时候，尤其是身体已经出现明显反应的时候，那就是已经发出了警报，这时候就必须停下来，给身体调整的机会。最好的调整方法就是宣泄掉一部分压力，给心情减压。可以通过运动、读小说、听音乐、找朋友倾诉等方式来宣泄自己的不良情绪，或者找个适当的场所大声喊叫或痛哭一场。

化解学习压力的方法还有很多，比如制订合理的学习计划并按照计划有序地进行学习，运用科学的学习方法，树立学习的自信心等。

> 要知道，精神状态对学习会产生很大的影响，心情好的时候学习效率就会高，反之效率就会低，学习压力也会增大。因此，在心情愉快的时候，就要尽量全心全意地去学习。而当自己遇到不顺心的事情、心情烦躁时，就要先想办法调节好心情。

偏科的我该怎么办

我的小烦恼

暑假马上要结束了，开学我就要升高三了，离高考只有不到一年的时间，我非常担心自己考不上重点大学，因为高二期末考试的成绩显示，我属于严重偏科。数学、物理等理科成绩都是满分，语文、英语不及格。

我很苦恼，我对理科充满了好奇，老师还没有讲到的地方，我早已经自己学完了。可是我对文科一点不感兴趣，老师讲课时，我根本听不进去，我也想集中精力，可是一会儿就走神。马上就要高三了，老师和父母都很为我担心，分别找我谈过话，我也很迷茫，我也不想因为偏科而考不上大学，但我真的不知道应该怎么办。

青春密语：

　　偏科是每个人几乎都会遇到的问题，很多老师和家长会简单地将其归咎为兴趣、喜好的因素，殊不知，对一个人来说，全面发展也包括知识结果的全面，即使不是全部精通，但也必须要涉猎。因为，严重的偏科导致的不仅仅是学习成绩不好，还会导致心态的失衡和性格的缺失，这是很可怕的后果。有专家研究发现：如果学理的学生完全不懂文，他的思维方式会受到很大影响，将来创新能力也肯定不行。

　　对青春期女孩而言，正在生长发育的阶段，很多方面还未定型，有着很大的可塑性，这时候如果出现偏科及时纠正是完全可以改变的，否则一旦固化，就可能对今后的人生产生很大的负面影响，甚至就此决定人生的走向。

　　心理学上的"木桶定理"告诉人们，决定一只木桶容量的是最短的那块木板。对一个人而言也是一样，如果身上的缺点和劣势不能得到及时的改变和弥补，那这些缺点和劣势也就定义了自己的失败。

　　此外，从未来的工作需要看，日后每个人的工作都将是综合性的，且工作变动性很大、很快。一项工作、一个问题的解决，往往要用到许多领域的知识——培养复合型人才已成为国内外教育界一个公认的目标。

　　因此，对青春期女孩来说，如果发现自己有偏科的现象，就要及时作出调整和改变，千万不能任由这种情况发展下去，否则，将来的人生道路很可能受到影响。

学习，学习，学到什么时候是头

我的小苦恼

升入高中以来，虽然我的学习成绩很好，我也很清楚学习对我意味着什么，我也知道它对我将来的重要性，可我就是提不起学习的兴趣。每天的学习都像是应付差事，甚至感到了一种痛苦，看着别的同学兴高采烈地上学，我却在想能找个什么借口不用去上学。

妈妈几乎天天在我耳边不停地唠叨："如果现在成绩不好，以后就考不上好大学了。"这些话对我已经没有任何的刺激了，即使妈妈拿她同学、朋友的孩子来刺激我，我也已经麻木了。有时候，逼急了我就说："将来找个有钱的嫁了不就都解决了吗？"这时候，妈妈总是一副恨铁不成钢的表情。我非常苦恼，怎样才能找回小时候那种学习的劲头呢？

青春密语：

兴趣是最好的老师。这是很多人都知道的道理，但是要真正对一件事情产生兴趣则是不容易的。带着兴趣去做一件事自然是快乐的，因为自己喜欢愿意花时间和精力，也因为喜欢更容易发挥创新性，也就更容易出成绩，得到满足和成就感。

但是，对青春期女孩来说，面临学习的压力，似乎只有迎难而上一条路，而且必须快上，慢了就有可能被人挤下去。这时候，学习似乎已经完全不是和兴趣有关的事情了，而是一种只许成功不许失败的任务。当学习失去了原本的意义，压力自然也就随之而来，乐趣也就荡然无存了。

导致青春期女孩厌学的另一个原因是青春期女孩的多变和叛逆。她们渴望独立和自由，因此厌学是她们对老师、家长的管束表达不满的重要手段。

此外，导致厌学情绪的因素还有：对学习功能的认识偏差，认为读书无用。有人说，"读书越多，收入越少""文凭越高，待遇越低"。这种错误的观点对相当一部分学生产生了不良影响。

青春期女孩为了激发自己的学习兴趣，应努力做到以下几点。

1. 树立信心

信心是前进的源泉。在学习上，气可鼓而不可泄，不管成绩是好是坏，首先要学会克服自卑感，为自己打气，慢慢建立信心。

2. 生活有规律

为自己制订一个适合又有针对性的学习作息时间表，自己严格按照时间表来学习，时间久了，就会养成良好的学习习惯。

总之，厌学心理的产生容易，消失难，因此你要下定决心战胜这种厌学心理。否则，便会给自己留下"书到用时方恨少"的遗憾。

女孩真的不如男孩聪明吗

我的小苦恼

今天,期中考试的成绩单公布出来了,全班的前十名中有七个位置被男生"占领"了,我们女生只有少得可怜的三人进了前十。这下男生们可得意了,看着男生们那副骄傲的"嘴脸",我们女生也无可奈何呀,谁让咱考得不如人家好呢?

丹丹望着成绩单,叹了口气说道:"有人说,女孩子长大了,智力就会下降,会变笨,无论再怎么努力,学习成绩都不会提高的。"

丹丹的这句话一出,立刻在我们女生圈子里炸开了锅,大家开始你一言我一语起来:

"我比过去更用功学习了,可是现在总感到学习有点力不从心,难道真的是这个原因?"

"是呀,你看看那些男生,没几个努力学习的,可考试成绩都比我们女生好。"

"我可不这么认为,我觉得只要努力、刻苦地学习,功课就一定会好。女孩子长大会变笨是谬论!"

"对这个观点我持中立态度,我觉得学习成绩不好,应该是存在各方面因素的。"

大伙儿七嘴八舌地这么一说，还真把我搞糊涂了。不过，根据我自身的情况分析，我现在学习的确比过去吃力多了，特别在理科方面的学习觉得更加费劲。

难道真的是"女孩子长大了，会变笨"？

青春密语：

毋庸置疑，男孩和女孩之间除了生理上的差异，在智力上也存在差异。这种差异不是谁高谁低的差异，而是在不同领域的差异。一般认为男孩在理科方面更强，女孩在文科方面更强。科学家的研究也证明了这种差异的存在。他们研究发现，男女大脑总体结构和功能方面都有差异。

科学实验的结果显示：女孩比男孩更具语言能力；女孩辨认面部表情、手势和语调的能力胜于男孩。人们过去认为，语言能力由脑的左半部控制，后来发现女性大脑左、右两半部都管语言，因此语言能力胜于男性。如果发生意外事故，对男性，左脑受到损伤，其中一部分人会失去语言能力。同样的损伤，对于女性影响就比较小。

男孩比女孩空间辨别能力较强。研究认为：空间辨别能力与男性激素有关。以上所说的男孩与女孩智力上的差异，是把男孩和女孩作为整体来说的平均情况，如果一个个进行比较，那么还会出现许多的差异。

这就好比是人各有所长的道理一样。因此，到底是男孩聪明，还是女孩聪明，可以肯定地说，不过是青春期孩子的胡思乱想罢了。

至于"女孩子长大了,会变笨"的观点更是不正确的。学习成绩的好坏取决于你是否真正努力学习和学习方法的正确与否。

上课怕被提问,有意见也不敢发言

我的小苦恼

初二上学期,数学老师因为要照顾生病的孩子,学校就安排了另外一个老师上我们班的数学课。这个数学老师上课有一个特点,那就是上课的时候很喜欢提问,我生性胆小,平日也不怎么喜欢说话,最讨厌老师在课堂上叫我回答问题了。而且我很多都听不懂,常常答错,经常遭到同学们的耻笑。

星期五的早上,又是数学课,数学老师又开始提问了。因为害怕被提问,许多同学都把头低下,假装认真看书,我更是……

"今天是星期五,那就5号吧!"数学老师喊道。

全班没有动静,5号是我,可我根本不敢站起来,我害怕……

"5号,请起来回答问题!"老师不耐烦地又说了一遍。顿时,全班同学的目光都投向了我。

青春密语：

在课堂上学生之所以会对发言如此恐惧，原因不过以下几种：

（1）胆怯心理。在多人的场所不敢开口说话或回答问题，特别是在课堂上，全班几十个人齐刷刷的目光让心里本来已经很害怕的人更害怕了。

（2）怕自己的答案不正确。这是学生害怕回答问题的重要原因之一。因为怕自己的答案不正确，由此引来老师的责骂和同学们的嘲笑。

（3）没有听课，不懂问题，或者不知道问题的答案，所以不敢轻易发言。

那我们应该如何克服在课堂上不敢发言这个缺点呢？

（1）尽量多参加集体活动，把自己融入到集体中去。因为一个人身处集体中，其胸怀会逐渐开阔，慢慢地就会改变胆怯，从而变得开朗起来。不要担心，只要认真听讲，按自己的思考回答问题，不管对还是不对，起来回答问题本身就是有勇气的表现，并且要相信老师和同学不会因为你回答得怎样而责骂或嘲笑你。

（2）上课专心、认真听老师讲，紧跟老师讲课的节奏，要多开动脑筋，除了要积极回答问题外，还应该把自己不懂的问题也提出来。发现并提出问题比回答问题更重要。

（3）在课堂上，积极回答老师的问题，可以提高自己的语言组织能力和表达能力，并且能够了解自己对本知识点的掌握程度；此外，还可以让自己的脑子变得更灵活，也比较容易集中精神。

第十章

关于理想这东西

理想是什么？理想是动力。生活中，很多抱怨生活无趣，对学习，对一切都不感兴趣的孩子，多是内心缺乏了这种理想的力量。这样的孩子做事没有毅力、没有激情，也就不可能全身心地投入做一件事情。你有自己的理想吗？你的未来是梦？是真？你，开始筹划了吗？

关于理想，是迷惘还是坚定

我的小苦恼

曾经，我想成为一名优秀的作家。为了实现自己的梦想，我一直在不断地努力，看很多的书，让自己的视野能够更广、更宽。但让我感到失望的是，我的写作能力却一直都提不上去。渐渐地，我感到失望，感到无助，觉得坚持下去是一件很困难的事情，尤其是看到身边的同学玩得那么开心、那么痛快，一点儿都不必为了所谓的理想而苦恼时。大家都是同龄人，我为什么要活得这么累，这么苦呢？

青春密语：

每个人在小的时候都会有很多的理想——成为科学家、医生、警察……但是随着慢慢长大，理想变得越来越远、越来越模糊、越来越实际。是人们放弃了理想，还是理想放弃了人们呢？

让我们先来看看什么是理想。理想，就是一个人对未来有可能实现的奋斗目标的向往和追求，或者说是一个人所向往的或所要模仿的事物、人的主观形象。简单地说，理想就是一个人对未来的设想，是与愿望相联系的，和目前的行动没有直接联系。

真正的理想是需要与现实生活相联系的，也就是说，理想是对现实生活的重新加工，舍弃其中某些成分，又对某些因素给予强调的过程。但它必须以对客观规律的认识为基础，符合客观规律。如果你确实不适合做某件事情，勉强也是没有用的。

青春期的变动、走向成熟，正是理想生根发芽的最好时节，如果此时在心中种下伟大理想的种子，那就会带动整个人向着这个目标不断前进，只要坚持下去，势必将大有可为。相反，如果此时认定理想无用，等心理成熟定型后，理想的种子就再也栽不进去，而没有理想的人生就像没有灵魂的躯体，不过是一副皮囊而已。

戴钻石，穿名牌，住别墅，这就是你的理想

我的小苦恼

我今年上初二，前几天老师布置了一篇叫做《我的理想》的作文。令人感到惊讶的是，不少男同学在文中写到想当"花花公子"，左手开名车，右手抱美女，一掷千金，前呼后拥，叱咤风云。还有一些女同学的理想则更为惊人，她们想当"二奶"，做有钱人的情人，戴钻戒，穿名牌，住别墅，周游世界。我真是很不理解她们，是我太"保守"了么？

青春密语：

当成功是定义人生的唯一标准，当金钱、地位等同于成功，那么人们的理想变得现实也就不足为奇了。

看看当下的教育，或许就能找到问题的根源了。对父母来说，孩子扬眉吐气的标志是挣大钱、当大官。而且走的是这样的逻辑：好好学习——考上好中学——考上好大学——找到好

工作（包括当官）。

事实上，这样的逻辑是想当然的。想当然的原因就是：孩子在选择大学和专业的时候，不是凭兴趣，而是看哪个学校名气大，哪个专业时下最热门，其根源还是名利思想作祟。

从社会的角度来看，当大官就能享有很多的特权，就能受人尊敬；有钱人也是一样的待遇。所以，这等于直接给了人们一个导向，只有这样的人才是成功人士，才是受人仰慕的。

当社会这样影响，当家庭如此教育的时候，孩子们的理想变成上面案例中的那样也就"理所当然"了。

然而，如果所有的孩子都"理所当然"地看待自己心中的理想，那么，这个世界将变成一个"物质第一"的世界。

因此，青春期的女孩们，一定要树立远大的理想，拥有正确的价值观，才能顺利地走好你脚下的路。

爸爸妈妈，请让我自己走脚下的路

我的小苦恼

我叫欢欢，是个高三的学生，近日正在思考填报高考志愿，因为出生在北方，所以我一心想去南方读大学，感受一下南方的生活。然而，爸爸妈妈却怎么也不同意，他们觉得北方人去了南方会不适应那里的环境，不适应那里的饮食，不适应那里与人相处的方式。他们一定要我报考北京的大学，一是离家近，另外毕业后可以直接在北京找工作。

从小学到初中，从初中到高中，每一步都是按父母的安排走过来的，为什么爸爸妈妈不能让我自己走脚下的路。我已经长大了，有自己的思想，有自己的理想，我很苦恼，我想坚持自己的选择，但又不想与爸爸妈妈闹得不开心。谁能帮帮我？

青春密语：

对青春期女孩来说，她们自我意识早已经形成，对很多事情都有了自己独特的看法。在对待父母的管束和父母为自己规划的人生时，更是从内心上就无比地不愿意接受。最后，在经历过痛苦的挣扎，仍然无法改变父母的规划后，必然会激烈地反抗。

青春期的女孩需要的是父母的尊重与理解。比如，孩子在填报高考志愿时，如果父母能尊重他们的意愿，在不违背生存法则的情况下，选择他们喜欢的城市和专业，相信哪个孩子也不会再与父母作对。

青春期的女孩需要的是独力的判断与选择。她们不愿意按照家长规划的路线走，她们认为自己的路应该自己走，而不是一直由父母在前面带路，自己跟着走。

每一个孩子都有自己的理想，有自己的主见，随波逐流只能使个性的光辉淹没在芸芸众生之中。选择自己道路的过程中，孩子们既要感受到父母的良苦用心，又要正确地判断地自己所选择事物的价值和意义。在判断出现模糊时，请一定要及时向父母请教，毕竟他们是过来人，父母的建议有时还是有一定的道理的。

成长的路上总有"挫折"

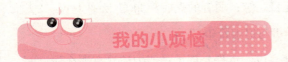
我的小烦恼

夏日的阳光驱散不了内心的阴霾，当18岁的我收到自己落榜的消息以后，整个人都要崩溃了。我把自己关在房间里，偷偷地哭泣，也不怎么吃东西。"我那么努力，为什么偏偏是我？"争强好胜的我看着其他同学都喜气洋洋地考入了理想中的学府的时候，心里充满了委屈和不甘。

爸爸妈妈看到我这个样子，也觉得很心酸、无奈。爸爸对我说："在人生的路途中，难免会遭受看似山穷水尽的遭遇，其实不然，只要你勇往直前，坚持下去，就一定会感受到'柳暗花明又一村'的境界，只要理想和乐观的人生态度还在，这就是一笔财富……"经过父母一番苦心的劝慰，我终于想通了，我要振作起来，重新开始，相信明年的录取通知单上一定会有我的名字。

青春密语：

孟子说："天将降大任于斯人也，必先苦其心志，劳其筋骨，饿其体肤，空乏其身，行拂乱其所为，增益其所不能。"

人的一生不可能总是平平坦坦，风平浪静，在这条漫长的旅途中，任何人都会遭到大大小小的挫折与失败，没有经历过失败的人生是不完整的人生。要知道，没有挫折的考验，便没有不屈的人格。正是因为挫折的存在，这个世间才有勇士与懦夫之分。

巴尔扎克说："挫折和不幸，是天才的晋身之阶；信徒的洗礼之水；能人的无价之宝；弱者的无底深渊。"大仲马说："人生就是不断遭受挫折与追求希望。"

对青春期女孩来说，也许心理承受能力还没有那么强，面对挫折，总是会很沮丧。高考失利对青春期女孩来说无疑是一次沉重的打击，有的人可能因此一蹶不振。因此，面对苦难和挫折，你一定要学会抬起头来，笑着面对它，坚信风雨之后一定有彩虹。在漫长的人生路上，你更需要一颗不气馁的心，来面对所有的挫折。

第十一章

有一种痛叫"成长"

俄国革命家车尔尼雪夫斯基曾说:"生活的道路不是涅瓦大街上的人行道,它完全是在田野中前进的,有时穿过尘埃,有时穿过泥泞,有时横渡沼泽,有时行经丛林。"这就如同青春期心理,永远没有平静的路可以走。青春期的你,如果能采取积极、自觉的行动,努力克服掉那些有害的心理障碍,你便能健康地成长。

嫉妒是心灵的"毒瘤"

我的小苦恼

我叫安晴,今年读初三。我担任学习委员,考试也总是名列前茅。

也许是一直以来的优越感,使我骨子里一直有一股处处想争第一的求胜欲望。

然而,初三刚开学,班里新转来一个女同学,她叫吴琼,自从她转来后,不但老师喜欢她,同学也喜欢她,因为她不但学习成绩优秀,知识也丰富。经常给同学们讲一些大家不知道的事情。

不知道为什么,我心里滋生了一种嫉妒心理,心想,不就知道点别人不知道的东西吗?有什么可炫耀的。

虽然我心里百般不服气,但是,第一学期期末考试,她就考了班级第一。看到老师表扬她,同学羡慕她,我心里更加生出嫉妒之心。我心想:"你凭什么比我学习好,凭什么你一来,我所拥有的一切荣耀都被你抢走了。"

我从心里不喜欢她,不愿意跟她说话,不愿意看到她。慢慢地,我变得不想学习了,因为我认为自己永远都超不过她,我现在每天都浑浑噩噩,无精打采的,马上就要中考了,难道我真的因为嫉妒一个人而毁了自己的一生吗?我很苦恼,有什么好办法能让我回到从前那个自信、快乐的女生？

 青春密语：

嫉妒心每个人都有，尤其当看到别人比自己强时，就会感到心里酸溜溜的，于是就产生一种包含着憎恶与羡慕、愤怒与怨恨、猜嫌与失望、屈辱与虚荣以及伤心与悲痛的复杂情感，这种情感就是嫉妒。

嫉妒心有程度的深浅之分，程度深的嫉妒心会导致人心理扭曲，做出极端的事情；程度浅的可能会变成一种提升自己的动力，用自己的努力赶超那些比自己强的人。

嫉妒源自比较，而且是一种不正确的比较。嫉妒心强的人，什么事情都可能拿来作比较，从而产生不满、怨恨、烦恼、恐惧等消极情绪。嫉妒心理不但影响身心健康，还影响学习。嫉妒心强，直接影响人的情绪，而不良的情绪会大大降低学习效率。另外，嫉妒心强结交不到知心朋友。嫉妒心强的人往往事事好胜，常想方设法阻止别人的发展，总想压倒别人。这可能使同学、朋友想躲开你，不愿与你交往。从而给自己造成一个不良的人际关系氛围，你会感到孤独、寂寞。

青春期女孩正是塑造自我、最渴望自己是独一无二的阶段，嫉妒心尤其强，因此容不得别人比自己好、比自己强。但这不是正确的、正常的情绪，相反还是心灵的"毒瘤"，所以，必须尽早铲除。

1. 认识到嫉妒对身心健康造成的危害

嫉妒使人产生各种不良情绪，对身心健康造成很大伤害。要鼓励自己敞开心胸，用诚挚的友善、豁达的态度与他人真诚相处。

2. 要知己知彼、正确评价自己和他人

对自己和对别人都要有一个正确的评价，明确双方长短，这样更有助于去除嫉妒心，取人之长，补己之短。

3. 克服性格上的弱点

一般来说，虚荣心强、好出风头的人容易产生嫉妒心理；狭隘自私，敏感多疑的人也易产生嫉妒心理；软弱、依赖、偏激、傲慢等性格，同样也是诱发嫉妒心理的温床。所以，对于这些性格的人，一定要注意自己的心理倾向。

4. 不要用己之短比他人之长

嫉妒心理往往源于将自己的短处与别人的长处进行比较。心理学家告诫，别人拥有再多也与自己无关。他们的成功并不意味着世界上的"成功人士名额"减少了，更不能说明你就成功不了。

5. 保持"比下有余"的心态

总有人拥有的比你多，也总有人不如你。嫉妒心起时，不妨看看周围那些不如你的人，那么肯定能够感激你目前所拥有的一切。

6. 把握已有的

不要因为尚未得到的东西妒火中烧。想想自己有些什么，比如疼爱自己的父母等。将视线转移到"我拥有"，而不是"我想要"，就会找到"富足感"。

7. 化嫉妒为积极进取的动力

要让自己奋起直追，然后不断地充实自己，使自己的潜能和特长得到充分发挥，只要自己的能力被人认可了，你就不会去嫉妒别人了。

是冷漠，还是自私

我的小苦恼

我是家里的独生女，爸爸妈妈很疼爱我，我的家境并不富裕，但是爸爸妈妈很舍得给我花钱。

一天，同学小红说，她的爸爸妈妈给她买了一架钢琴，她以后每周末要去学钢琴了。问我要不要一起去学。

"我没有钢琴啊。"

小红说："让你爸爸妈妈给你买啊，你们家不会买不起钢琴吧！"

"当然不是，我现在就让我爸爸妈妈去给我买。"

我跑回家，跟妈妈说："我要学钢琴，你给我买钢琴。"

妈妈一听，面露难色地说："咱家哪有那么多钱啊，你上学的学费还是跟别人借的。"

"你没钱干吗要生我啊，让我在同学面前抬不起头来。"

妈妈气愤地说："孩子，你怎么说这样的话呢？太伤妈妈心了。为了你，我们不舍得吃，不舍得喝。钱全都花在你身上了。"

"那是你们没能耐，为什么小红的爸妈能给她买钢琴，而你们却买不起。我为什么生在这样一个穷得连钢琴都买不起的家庭。我恨你们，恨你们生下我，却不能满足我。"

妈妈的眼泪流了下来。我听到她嘴里说："这孩子太自私了，怎么有这样的想法？"

我也感到自己说话太过分了，但是我心里确实是这样想的。真的是我太自私了吗？

青春密语：

十几岁正处于青春期的孩子，虽然叛逆，但也正是懂事的年龄。可像上面事例中的孩子，却是那么的冷漠和自私，对自己的亲人尚且如此，对别人就更不会有丝毫的同情心了。虽说自私是人的本性，但毕竟人之初，性本善。那么，是什么造成了十几岁孩子的不懂事和冷漠自私呢？

第一，可以肯定地说，是家长过度的溺爱和娇宠导致了孩子心里只有自己而没有别人的心理特点和行为方式。

第二，受家庭因素影响，俗话说，父母是孩子的第一任教师，如果孩子从小就模仿大人自私的行为，那么慢慢地便会养成自私冷漠的性格。

但是，人和人之间需要帮助和温暖，所以，孩子们必须改变自己自私冷漠的个性特点。具体可以从以下几个方面着手。

1. **承担起作为家庭成员的义务**

作为家庭成员，你有义务去做一些事情。要知道，它并不会因此而耽误你的学习，还会帮你铲除骄奢之气。

2. **积极参加社会活动，培养广泛的兴趣爱好**

自私的人，往往兴趣面狭窄，缺乏爱好，常常郁郁寡欢，无所事事。应当多参加集体活动，保持心情舒畅。

3. **多看一些名人传记**

尽可能多地阅读一些名人传记或一些可以激人奋进的影片、小说等，从中领略英雄气吞山河的胸怀，并以其为榜样，从一些身边的小事做起。

4. **尽量避免与别人发生冲突**

当与别人涉及利益冲突的时候，不要按捺不住自己的心情，要努力让自己静下心来仔细地衡量一下，并学会换位思考，去体谅别人的心情，这样就能避免冲突，获得别人的赞赏和好感。

有"容"乃大

我的小苦恼

我叫贾小红,是初一的学生,我总是爱生气。比如上个星期三,上课做作业的时候我拿橡皮时碰到了同桌的男同学,这位男同学便轻轻揪了一下我的头发,这件事让我很不高兴,我就不再理同桌,而且我还一直忘不了这件事,越想越生气,中午回到家吃饭的时候,气还没有消。这时妈妈喊我吃饭,我就和妈妈吵起来,然后,连饭也不吃了,妈妈问我到底为什么生气我也没说。我就这样哭着上学去了。妈妈放心不下,悄悄来到学校,找到班主任,班主任老师答应把这件事弄明白。

下午放学后,班主任老师把我叫到办公室,说:"小红,我看你今天上课情绪不好,这样影响学习,是你的身体哪里不舒服吗?"我摇摇头。"那是为了什么?"老师的话还没说完,我便委屈地落下泪来。老师又继续问:"是谁欺负你了?"班主任老师很耐心,"你告诉我。"这时,我才把自己碰了男同桌一下,他就揪我头发的事告诉了老师。班主任老师便把那个男同学喊来,批评了他,并让他给我道歉。后来,班主任老师把这件事告诉了妈妈。妈妈听后对我说:"一点儿小事就让你这么生气,这样会影响你的身体和学习,你要学会宽容,心胸就会宽广。"听了妈妈的话,我明白了是自己不会宽容别人,才形成了这种不好的情绪。我一定要改正过来。

青春密语：

青春期女孩情绪波动很大，再加上对自我意识的强化，使得她们很容易采取反抗的方式来对抗父母、老师、别人对自己的影响，这是她们爱生气的一个重要原因。

此外，进入青春期的女孩依附性减弱，独立性增强，从而使亲子两代人在对待事物的认识上产生一定的距离。由于态度的不同及意见分歧，因此出现了一条心理鸿沟，致使青春期孩子认为父母不了解他们、有事宁可与同学商谈，而不愿向家长诉说；甚至以不满、顶撞、反抗、违法等方式试图摆脱成人或社会的监护，以自己的方式行事，坚持自己的理想和判断是非的标准。

这样的情绪状态，在遭遇挫折、委屈的时候，就很容易用生气的方式来发泄不满，乃至自暴自弃。像上面事例中因为一个小小的玩笑或者"冲突"就很生气的现象，更主要的还是女孩子没有学会平和、冷静地处理和同学之间的关系，更没有学会宽容对待别人。

宽容就是要做到：对别人说错的话不要记仇；当别人无意伤害了自己时不要生气；学会心胸宽大，不要斤斤计较。

不懂得宽容对待别人，不懂得如何更好地处理人际关系，从某种程度上来说，就容易扭曲地看待一些正常事，这样必然影响彼此之间的关系，还可能影响做事的方式方法。

青春期的女孩要知道：宽容豁达是一种博大的胸怀、超然洒脱的态度，也是人类个性最高的境界之一，也是一种"德"。而且，宽容是建立良好的人际关系的一大法宝。宽容，在我们的一生中，是一种非常优秀的品质。

那么，很多女孩关心的问题就出现了，有了这种心理之后要怎么办呢？

1. 对自己有一个清楚的认识，善于发现别人的优点

要经常进行自我分析，了解自己的优势是什么，缺点又是什么，带着向别人学习的态度不断地发掘其他人的优点，并且向其学习。这样不仅能够使自己的缺点得到改善，还能够交到真心的朋友。

2. 与他人和睦相处

青春期所具备的心理对人际交往产生着至关重要的影响。如果一个人缺乏交际能力，那么在她的成长过程中，心理就是不完善的。在别人对自己的评价中，女孩能够对自己有一个更加深刻的认识，并主动去关心别人。不但如此，通过评价，也能够对自己有一个准确与清晰的定位，认识到自己的不足之处，并且尽力改善。这样便能够将嫉妒心很大程度地消除掉。

基于以上两点，想要对处在青春期的女孩们说，如果你身边的朋友比你优秀，你要做的不是嫉妒，而是努力让自己变得更加优秀。一个女孩的心胸应该宽广似大海，这样的女孩才是美丽的。做到这一点的话，你一定会交到真心的朋友，并且让自己变得更好。

我让自卑打倒了

我的小烦恼

我叫菲儿,有点儿内向。比如,老师提问时,很多同学都抢着回答问题,我却从不抬头,也不举手。尽管老师也鼓励过我,可是并没什么效果。慢慢地,大家也都习惯了。

一次,当老师提问后,我一反常态地马上举起了手,老师看到了很高兴,便立即叫我回答。可是我站起来了,却哑口无言。老师没说什么,平静地让我坐下。放学以后,老师把我叫到了办公室,在经过一番交谈后,我们有了这样的约定:以后老师提问的时候,遇到懂的题,我就举左手,不懂的题我就举右手,这样大家也不会老是笑我不爱发言。

其实,老师的提问我也不是都不会,而是很多时候怕说错话,怕被同学笑话,所以干脆就不举手了。没想到,不举手也会被人笑话,这让我更难受了。此后的数学课上,我按老师说的去做了。期中考试后,老师对我说:"这一段时间,你举左手的次数是25次,举右手的次数是10次,再加把劲,争取把举右手的次数降到5次。"

细心的老师竟然记住了我举左手的次数,这深深地打动了我,我也下定决心,不再让老师失望。期末考试时,我考了全班第一名。老师欣慰地对我说:"你终于不举右手了。"

后来,老师送给我一句话:"别让自卑打倒你,换一只手高举起你的自信!"

青春密语：

从某种程度上来说，每个人都有自卑感，因为人无完人，每个人总有不如别人的地方，这些不足和短处就是让自己感到自卑的地方。但是，这样的自卑是很好克服的，不好克服的自卑是那种自我贬低，并伴有自怨自艾、悲观失望等轻视自我或担心失去他人尊重的态度和消极心理倾向。

对青春期的女孩来说，一方面在极力地塑造自我，塑造自己心目中最完美的那个自我，另一方面又因为不自信和情绪多变，导致对很多东西不确定，进而产生自卑感。这种自卑感如果不能及时消除，就会变成一种心理定势，遇事总会情不自禁地过分夸大自己的缺点，甚至会毫无根据地臆造出自己的许多弱点，还总是拿自己的短处和别人的长处比，不能冷静地分析自己所受的挫折，不能正确地对待自己的过失，不能认真思考别人对自己的期望，也不能客观地理解别人对自己的批评，把自己看得一无是处，失去信心，对那些经过努力就能够达到的目标，也轻易放弃。

像上面事例中的菲儿，就是因为自卑心理的作用，从而打击了自己的上进心、自尊心，使自己变得胆小怯懦、不敢表现自己，停止了发展自己。

这样的自卑感还会导致人际关系的障碍。一方面，自卑者变得敏感多疑，因此以一种消极或错误的防御形式来保护自己。加之，不善于自我表现和孤独的自我封闭，从而出现了人际交往障碍。另一方面，有自卑心理的人易产生"晕轮效应"，只看到自己的不足，忽视自己的优点，这样就形成消极自我评价的恶性循环。

　　自卑感还会带来心理与行为上的困扰。自卑感强烈的人，心理脆弱，经受不起挫折，适应力差，性格抑郁沉闷，遇事犹豫不决、胆怯畏惧，或者稍遇困难挫折就打退堂鼓、缺少毅力。

　　对青春期的女孩来说，自卑是学习、生活最大的敌人，必须克服掉。因此，以下几点显得尤为重要。

　　（1）要明白任何人都有长处和短处，都有优点和缺点，世界上没有完美无缺的人，也没有一无是处的人。一个人只有不断地发现自己的长处，才能不断地增强自信心，克服自卑心理。

　　（2）要不断体验成功。任何人只有制定合理的期望值和适合自己的目标，才能体验成功的喜悦，如果能不断地体验成功，自卑心理就会慢慢消除。

　　（3）要通过补偿作用"扬长避短、以勤补拙"。以最大的决心和顽强的毅力去学习，就一定能克服各种困难，取得成功。

猜疑，害我不浅

我的小烦恼

有一天，同寝室的小方洗完澡后没有找到自己的梳子，由于着急出门，就用了我的梳子。小方收拾完出门的时候，我正好回来，小方边往外走边对我说："刚才着急没找到我的梳子，用了你的，没提前跟你说，不好意思啊！"说着就出去了。我听到有些不高兴，嘴里嘟囔着："真讨厌，干吗用我的呀！"其实平时我俩关系很不错，我也不过就是随口一说，说完我马上就后悔了，我觉得小方听到了我的抱怨，好郁闷啊，她肯定会觉得我小气。

我为此难受了好些天，怕同学说我太小气。几天来我一直都在注意其他同学的反应，也不出去上自习。恰好小方问我："你今天下午怎么不去上自习呢？"联想到那天的情景，我觉得这是小方对我不满，想让我走开。晚上大家一起吃饭，我回来晚了点，其他人正有说有笑的，并没有注意到我，我觉得同学们故意冷落我。第二天到教室，我又发现别人用异样的目光看着我。心想坏了，寝室的同学一定对全班同学说了，这下全班同学都知道我是个小心眼的人了。

我越来越相信同学们是在说自己，笑自己了。在教室里，我总觉得别人在背后议论我；在寝室里，我觉得有的人故意不理我；在路上碰见了，也觉得别人不给自己好脸色看。我整天坐立不安，觉也睡不踏实。现在，我患上了失眠性神经衰弱，学习成绩也下降了。我该怎么办呢？

青春密语：

人们总是善于用自己的心思去揣度别人的心思，而且相信一定是这样的，尤其是在经历某件自己认为对自己不利的事情后。这样的思维定势一旦形成，心理上就会不断地强化它，不断地去验证自己的想法，直到最后将自己折磨倒。

从另一个角度来看，人们总是在意别人对自己的看法，尤其是那些和自己比较亲近的人的看法。这一点在青春期女孩身上表现得最为明显，她们在塑造完美自己的时候，如果发现别人对此有"微词"，或者捕捉到对方一个不善的眼神，她马上就能联想到自己，因为这个时期的她们太关注自己了。

这样的心理就是典型的猜疑心理。从心理学角度讲，"猜疑心理"是一种不符合事实的主观想象，是基于一种消极的自我暗示心理而产生的心理障碍。其主要表现为：遇事敏感，较严重的神经过敏，从而引起痛苦的感受和意志的消沉，甚至还会导致少言寡语，孤独郁闷，常往坏处想，对自己常哀声怨气。

青春期女孩正处于自我意识强的时期，热衷于关注自我，适度的敏感和多疑是正常的，也是一种自我保护和防御。但如果过于敏感，就会给自己带来过重的心理压力和额外的心理负担。因此，必须克服猜疑心理。

1. 正确认识自我

要学会用全面、发展的眼光分析、认识自己、他人及环境，不必过分去审视自己的缺点和不足，同时要用宽厚的态度去对待他人。要认识到人无完人，每个人都有这样或那样的缺点与不足，每个人都在不断地克服缺点的过程中成长。

2. 用客观的态度审时度势

要学会冷静、客观、公正地分析事物和他人，防止消极的自我暗示。也要学会换位思考，以体验他人的心理感受，避免走极端，总认为别人针对自己。

3. 注意调查后再下结论

俗语说："耳听为虚，眼见为实。"有了猜疑之后，先本着实事求是的原则进行调查，了解别人的真实态度，不能听风就是雨。

4. 增强自信

由于缺乏自信，猜疑者特别在意别人的评价，又特别担心别人的评价，生怕别人看不起自己，以至于总是觉得别人在议论自己缺点和不足，总是怀疑别人在做有损自己名誉或不利于自己的事情。因此，增强自信心是治疗多疑的良方。

羞怯心理要不得

我的小苦恼

我叫朱丽丽,今年14岁,上初中二年级。小时候父母和老师都说我是个活泼开朗的孩子,可不知为什么,这两年我变得特别害羞和胆怯。一次在路上,我碰到家里的一个亲戚,我不敢走上前跟他说话,我从另外一条路躲过了他。平时在学校里,我也没有什么朋友,有心事我也不愿意跟别人讲。我最害怕的,就是上课老师提问,如果叫到我,我会非常紧张,因为我担心如果回答得不对,老师、同学会笑话我。我变得越来越沉默寡言……

青春密语:

很多人都有过这样的经历,看见老师、长辈老远就躲着走,实在躲不过了就低头装作没看见,或者扭头装作不认识。如果没有被认出来,心中会很窃喜;如果不幸被认出来,那就会很难为情。但是,下次遇到类似的情况还一样会这样做。

还有的女孩上课不敢看老师,做操不愿意站在队伍前面,放学不愿意走在人多的地方，等等，这都是青春期女孩羞怯心理的表现。

羞怯是一种逃避行为。对于青春期的孩子来说，过分怕羞有碍学习和人际交往。这是因为有怕羞心理的人过多地约束和拘谨自己，而难与人建立亲密的关系；沮丧、焦虑和孤独则导致性格上的软弱和冷漠；也会像案例中的朱丽丽一样，由于害羞胆怯而不敢回答老师的提问，弄得自己总是很紧张，影响学习，造成不良的后果。

那么，青春期女孩如何克服怕羞心理呢？

1. 正视羞怯心理

任何事情都是这样，越是怕、越是躲着，就越是缠住不放。羞怯心理也是一样，躲是躲不掉的，只有勇敢地面对，才能够给自己一个机会，然后有针对地去克服。

2. 建立自信

要看到自己的能力和长处，发现了自己的闪光点，给自己自信和勇气，要敢于迈出第一步。所谓"万事开头难"，害羞者迈出第一步后，伴随着从未有过的成功体验和对自己的重新评价，便会开始相信自己的能力。如果能够坚持下去，那么羞怯心理很快就会悄无声息地消失。

美国最伟大的推销员弗兰克说："如果你是懦夫，那你就是自己最大的敌人；如果你是勇士，那你就是自己最好的朋友。"

3. 不要在意别人的议论

人们总是很在意别人对自己的评价，尤其是负面的评价，这样越怕越羞，越羞越怕，形成恶性循环。其实，被人评论是正常的事，不必过分看重。有时，否定的评价还有可能成为激励自己的动力。

4. 丢下包袱

许多害羞者在行动前过于追求完美，担心失败，这样的自我否定和自我暗示肯定会影响能力的发挥。结果越担心、害怕，失败的可能性越大。

5. 借助周围人激励自己

周围的人所给予的赞美，对我们的影响效果更大，往往会成为促使我们进步的最好动力。

当听到别人的赞美和鼓励时，我们首先要相信是自己的表现打动了他们，因此要相信他们的赞美是真诚的和发自内心的，这样在一种良好的心态下接受赞美，进而增长自信。

6. 学会交往

交往可以帮助一个人慢慢地摆脱害羞。害羞者可以一边与人交往，一边观察别人是怎么交往的，在实践中学会交往的技巧。

7. 自我暗示

每当到一个陌生场合，感到有可能紧张、羞怯的时候，就暗示自己镇静下来，什么都不去想，把前面的陌生人当作自己的熟人一样。用自我暗示的意念控制方法来突破这开头的阻力，是一种有效的措施。

8. 通过锻炼克服害羞

开始可以先在熟人范围里多发言，然后在熟人多、生人少的范围内练习，再发展到生人多、熟人少的场合，循序渐进，逐步增加对羞怯的心理抗力。每到一个新场合之前，事先作好充分准备，增强信心，提高勇气。

9. 增强体质

户外锻炼，是增强神经系统的最有效办法。性格内向、气质为黏液质或抑郁质的人，神经系统比较脆弱，容易兴奋，一点小事就会闹得脸上红一阵、白一阵。通过体育锻炼，增强了体质，过度的神经反应就会得到缓和，害羞程度就会自然而然地减轻。

虚荣是只纸老虎，一点就破

我的小苦恼

我叫蒙蒙，今年14岁，上初中三年级。我的同桌叫奇奇，她家里条件很好，每天穿得花枝招展的。每天跟她坐在一起，我心里又羡慕，又嫉妒。我也想穿漂亮的衣服，可是妈妈总是对我说，现在是学习的年龄，不是臭美的年龄。

有一天，爸爸妈妈没在家，我发现家里的茶几上有一打钱，从来没见过这么多钱的我，激动万分，一边想，这么多钱得买多少好看的衣服啊，一边又想，爸爸妈妈赚钱也不容易，我不能随便乱花钱。思想激烈地斗争着，最终，我终于经不起漂亮衣服的诱惑，偷偷拿走了钱。

看着商场里一件件的漂亮衣服，想着每当看到同桌奇奇穿新衣服时我羡慕嫉妒的情景，我一狠心，大肆购起物来。提着几袋子的衣服，我的内心充满了快感和满足。此时，我早已忘了钱是怎么来的，当爸爸妈妈找到我的时候，钱已经被我花得所剩无几。

爸爸妈妈生气地教训我,我也觉得很委屈,看见同桌每天穿得那么时髦,我不服气才这样的,凭什么她可以穿得那么漂亮,我却不能呢?我很苦恼。

青春密语:

虚荣心是人类一种普通的心理状态,是一种扭曲的自尊心,是追求虚表的性格缺陷,是人们为了取得荣誉和引起普遍的注意而表现出来的一种不正常的社会情感。虚荣心表现在行为上,主要是盲目攀比,好大喜功,过分看重别人的评价,自我表现欲太强,有强烈的嫉妒心,等等。

这些特点和青春期女孩很吻合,她们的自我和多疑,独立和自由,让她们很在意别人的评价,不想被别人比下去,所以会虚荣心膨胀。

虚荣心往往会导致人们产生其他心理问题,如嫉妒、自卑、敏感,这些都会阻碍孩子的发展。

虚荣心强的孩子在个性成长中,经常会出现各种问题,如为了满足其虚荣心而经常说谎,情绪不稳定,不认真学习,缺乏意志力等。

正如有人说:"过度虚荣很难说是一种恶行,然而一切恶行都围绕虚荣心而生,都不过是满足虚荣心的手段。"对于青春期的孩子来说,正确对待虚荣心是成长中一个很重要的事情。

青春期女孩们要明白这个道理:虚荣是一把双刃剑,它会伤害别人,也能伤害你自己。要想摆脱烦恼、永远快乐,就要摒弃虚荣,养成积极乐观的心态。

精神总是不集中，敲响青春期焦虑症警钟

我的小苦恼

我叫朵朵，在学校中一直成绩优异，所以老师也非常喜欢我、看重我。如果有什么比赛或是活动，老师首先就会让我参加。但是，正是因为如此，我的心理压力却越来越大，付出的努力也几乎是其他同学的几倍。长此以往，我的心中便非常压抑和沉重。另一方面，自己也不想让老师和爸爸妈妈失望，所以经常晚上看书到很晚，但是，有几次爸爸的朋友到家里吃饭，喝了点酒便闹得很大声，导致我根本无法看书。

从那个时候开始，我的心情就变得很烦躁，甚至生出了一丝怨恨感，觉得是老师、爸爸妈妈导致我现在这么累。有一天晚上，我一直被这种情绪困扰着，也几乎没有睡觉，导致第二天考试失败。从此之后，我便经常失眠，而且经常做梦，上课时注意力也不能集中，成绩也一天不如一天，为此我苦恼不已，不知道自己该怎么办。

青春密语：

朵朵的这个现象，在青春期的孩子们中也是比较常见的，这属于青春期焦虑症。这个病症也叫做焦虑性神经病，属于精神方面的问题。

如果出现了这种症状，一定要及时进行治疗。当然，如果是处于早期状态，自己也可以进行适当的调整与治疗，下面的几种方法都是比较有效的。

1. 进行心理暗示

这是治疗的最佳方法，也非常有效。处于青春期的孩子们，尤其是女孩们，总是在学习或生活中遇到各种事情，其中不高兴的事情也会有很多。在这种时候，一定要对自己进行暗示，让自己变得自信起来，一定要相信自己有能力处理好这些事情，并且相信自己一定会克服自己的病症。经过不断暗示，会让自己紧张的心情平静下来，如此，有了良性循环，就可以让自己变得更好，也就可以更好地摆脱掉焦虑了。

2. 进行自我分析

其实，很多焦虑症都源于一些不好的经历所导致的情绪后遗症，这些情绪形成了潜意识。想要成功治疗，就要让这些潜意识彻底走掉。而自我分析无疑是非常好的一种方法；女孩可以运用这种方法去掉这种不良的潜意识，当然也可以去找专业的医生进行咨询，从而把埋藏在最深处的最根本的病症彻底消除。这样一来，情况就会逐渐好转。

3. 充分放松

紧张是焦虑症的一个明显表现，而只要尽量放松下来，这种紧张情绪就会慢慢地消失。在放松的时候，会出现与焦虑相对的一种反应，对焦虑起到抑制效果。

当你非常放松的时候，去想那些让你紧张的情景，紧张的情景都会变弱，从而会让自己的紧张情绪逐渐缓和。

4. 转移注意力

患有焦虑症的女孩，经常会出现这样一种现象，就是会紧紧盯住一个目标物，并且会陷入胡思乱想中无法自拔。这个时候，可以选择进行自我刺激，说服自己把注意力转移到别的地方——一本自己喜欢的书、一种娱乐方式等都是不错的方法。这样的话，就会让自己的紧张感慢慢消失。

5. 食用药物

这种方法主要针对病情比较严重，自己无法进行紧张排解的患者。可以选择向医生咨询，在药物的帮助下，将自己的紧张情绪排解掉。但是，需要注意的是，不要对药物产生依赖性。

青春期焦虑症会给青春期的孩子带来非常不良的影响，对他们的身心发展都有阻碍作用，希望朵朵可以尽快走出焦虑症的阴影，也祝愿所有陷入青春期焦虑症的孩子们都能尽快走出来，并健康地成长。

第十二章

我要做个健康的美少女

青春期是一个充满机会和危险的时期。这一时期的孩子虽然在各种疾病上的发生率和死亡率明显低于儿童和成人，但却面临着由青春期生理、心理以及性发育等迅速变化所带来的各种健康问题的挑战。

经期饮食学问多多

我的小苦恼

你知道什么时候是最幸福的时刻吗？在我看来，便是炎热的夏日里吃上一个美味的冰激凌，然后再把一杯冰镇的可乐一饮而尽。那个滋味呀，套用一句广告词即"透心凉，心飞扬"！

这不，又是一个三伏天，虽说闷热的天气让人讨厌。不过，每当这个季节，我就可以任意享受我的"幸福时刻"了，这点"烦恼"又算得了什么呢？

这天，一放学我就飞奔回家，进门后，立刻冲到冰箱前，拿出一个冰激凌甜筒。就在我正要享用美食的时候，妈妈居然"杀"了出来，而且还特别紧张地把甜筒"没收"了。我的"幸福时刻"就此打断，此时的我自然是又气又急，于是便对老妈大声抗议道："这是干吗啊，冰激凌都不让吃？"

老妈正色道："这会儿就是不能吃这些东西，对身体不好。"

"现在是大夏天耶，我不吃冰激凌，难道吃火锅不成？妈妈，您今天有点莫名其妙哦！"我回了一句。

妈妈不理会我的抗议，不慌不忙地说道："今天，你的'好朋友'是不是来了？"

"嗯,我心烦气躁着呢,所以,快把冰激凌还给我!"我没好气地说。

"宝贝,女孩在经期里可不能随便吃东西的,你可不能为了一时口舌之欲,而影响了自己的身体健康呀。"妈妈顿了顿,继续说道:"冷饮和生冷的食物,它们的低温会使你的血管收缩、血液凝滞,从而引起经血瘀阻、排泄不畅,很有可能导致痛经或者月经不调等情况,所以,经期应该忌食!这可是一个相当重要的医学常识哦。"

听罢妈妈的一番"医学理论",我只好放弃享受"幸福时刻"的念头了,毕竟还是健康最重要呀!

"呵呵,你也不要垂头丧气的,我待会儿给你做一碗美味的红枣糯米粥,它既可以满足你经期的口腹之欲,而且对'心烦气躁'也有一定的调节作用哦。"妈妈微笑着说。

听到这儿,我的心情马上转阴为晴,随即对妈妈"献媚"道:"谢谢亲爱的妈妈,您快点给我煮粥去吧!"

青春密语:

几乎每个母亲都会嘱咐女儿:经期不要喝冷饮,不要贪凉。为什么经期不能贪凉呢?

这是因为,女性经期贪凉容易引起经血淤结,导致经血畅行不通,从而产生腹痛,就是我们常说的痛经。

可能有些女孩子会问,经期不能吃寒凉之品,那么多吃些辣椒、羊肉等热性食品是不是对身体有益呢?

这个问题的答案也是否定的,因为,过多的热性食物容易引起经血量过多，血色鲜红，严重时会引起贫血。

冷了不行，热了也不行，看来经期的饮食讲究还真不少，在这里，专家为女孩们归纳了以下几点注意事项。

1. 注意补铁

专家提示，由于血液流失，经期的女孩体内会出现铁含量不足的现象，导致思维能力和记忆力下降，严重影响正常的学习。铁是人体必需的微量元素，不仅参与体内血红蛋白及许多重要的酶的合成，而且对免疫力、智力及良好的能量代谢等都起着重要的作用。

因此，女孩经期一定要注意补充含铁丰富的食物，如鱼、瘦肉、牛肉、动物肝脏、动物血等。这些食物不仅含铁丰富，而且生物活性较大，容易被人体吸收利用，大豆、菠菜中也富含铁，但吸收率相对较低。

2. 应多吃些富含高纤维的食物

经期可多吃蔬菜、水果、全谷类、糙米、燕麦等，这些食物含有丰富的膳食纤维，起到调整月经、镇静神经的作用。

3. 忌寒冷，应以烧熟、温热食物为宜

女孩月经期吃生冷类食物伤脾胃，阻碍消化；同时，易生内寒，寒气凝滞，易使血运行不畅，造成经血过少，甚至痛经。即使在酷暑难耐的夏季，也不宜在经期吃冰激凌，喝凉水或其他冷饮，我们常见的水果梨、香蕉等也不宜多吃。可适当吃一些温性食物如羊肉、鸡肉、桂圆等，但不宜过量。

4. 忌辛辣刺激的食物

经期的女孩常常会感到疲劳，消化功能减弱，食欲欠佳。

而辛辣类食物（如肉桂、花椒、丁香、辣椒、芥末、胡椒等）具有强烈的刺激作用，容易引起盆腔血管收缩，进而导致经血量过少甚至突然停止。因此，女性月经期的饮食应以清淡、易消化为主。另外，还要注意选用新鲜的食物，新鲜的食物不仅味道鲜美，易于吸收，而且营养破坏较少，污染也小。

此外，烟酒等刺激性物质对月经也会有一定的影响，如果不注意避免这些不良刺激，长此以往，容易引起痛经或月经紊乱。

5. 经前忌咸食

在月经来潮前应忌食咸食，因为咸食会使体内盐分和水分的储存量增多，导致身体水肿、头痛等现象的发生。

6. 宜喝温水，不宜多喝茶

经期应多喝温水，以保持大便通畅，减少盆腔充血。但很多女孩喜欢用饮料和茶代替水，对此，专家建议，经期女性不可乱喝茶，否则易会造成体内铁元素的过多流失，易引起贫血，还有可能加重经期便秘现象。此外，茶叶中都有咖啡碱，容易刺激神经兴奋，加重女性生理期容易出现的痛经、头痛、腰酸、乳房胀痛、精神紧张等经期的不适症状。

难以启齿的妇科炎症

我的小苦恼

早晨一到学校,我就发现同桌丽丽有些异常,一副坐立难安的样子,似乎有什么事情在困扰着她。下课的时候,我悄悄地问丽丽:"你今天不舒服吗,到底发生什么事啦?"

只见丽丽涨红着脸,吞吞吐吐地说道:"没……没什么事情……"

听她这么一说,更让我越发起疑心了,我拉着她的手说:"咱俩之间还有什么不能说的吗?你有什么烦心事别自个儿憋在心里,告诉我,让我帮你分担一些吧?"

我的话音刚落,丽丽便突然哭着对我说道:"我……我的身体出了状况啦,我的阴部特别痒,而且白带也特别多,我不会是得什么病了吧,我害怕,不敢跟妈妈说……"

丽丽这一哭,我也慌了神,说实话,我也不知道这是怎么回事。

"你先别哭,我俩都不是医生,与其在这里干着急,还不如去找校医帮忙吧?"我总算想到了一个比较可行的办法。

于是,我陪着丽丽来到了校医室,当丽丽把自己的病情和校医张老师简单地说明之后,张老师立刻帮丽丽做了一系列妇科检查。过了一会,张老师拍拍丽丽的肩膀,温柔地说道:"把你吓坏了吧?你没得什么大病,估计是你平时常用卫生护垫,所以才造成了阴部感染,你的阴道有些炎症。"

"啊?用卫生护垫也会得病呀?"丽丽惊讶地问道。

张老师点点头,然后严肃地对我俩说道:"护垫能不用则不用,护垫表面的胶质透气性差,容易成为病毒的温床,大大增加了阴道炎感染的风险。如果一定要用的话,应勤加更换以减少细菌滋长的可能。"

"哦,原来都是卫生护垫惹的祸呀。那我们平时还要注意什么才可以防止阴道炎的'侵扰'呢?"我急切地问道。

"首先,你们女生要少穿紧身或贴身的裤子,如牛仔裤等,夏日宜穿裙子或宽松裤。另外要避免穿着紧身尼龙内裤,内裤应选择棉质的。此外,为了减少刺激或者过敏,应该用无香味的卫生用品,避免使用添加芳香剂的卫生巾或手纸;还须谨记不要用各种药液、碱性液清洗阴道,这样做反而会破坏阴道的内环境,导致阴道炎的发生。最后,我还要提醒你们,遇到身体有什么不舒服的情况,千万不能向老师和家长隐瞒病情,要及时告诉大人,以免耽误病情。"张老师语重心长地说道。

"谢谢老师,我们都记住了!"我和丽丽点头答应道。

青春密语:

女性生殖系统所患的疾病统称为妇科疾病。妇科疾病的种类可分很多种,常见的有:阴道炎、宫颈炎、宫颈糜烂、盆腔炎、附件炎等。女孩子从青春期开始,就应该懂得一些基本的妇科医学常识,并经常保持乐观的情绪,这样就能避免或减少某些妇产科疾病的发生。

青春期，女生最易患的妇科疾病是一些外阴的炎症。这些虽然不是什么大问题，却让很多处于青春期的女孩子困扰，那么如何才能减少患上妇科炎症的危险呢？专家给了如下建议。

（1）每晚睡前用温水清洗阴部，洗时动作要轻柔，切记不可用肥皂擦洗或热水烫洗。洗完后应用干净的毛巾擦干净，保持外阴部清洁和干燥。清洗外阴的盆和毛巾要用沸水消毒，并在太阳下晒干。

（2）女孩子的内裤应选择棉质、柔软，透气性好的，忌穿化纤、尼龙内裤。内裤应要每天换洗；必须用手洗干净，或是单独清洗，不可与外衣、袜子等一起洗；洗干净的内裤要放在阳光下晒干杀菌。这样做可以避免一些妇科炎症的发生。

（3）不宜长期使用卫生护垫。很多女孩都认为使用护垫干净卫生，实则不然。因为长期使用卫生护垫会使局部湿度和温度都大大增加，尤其是在潮热的气候中更加明显。这样不仅给细菌和真菌的生长创造了适宜的条件，而且破坏了阴道的酸碱度，降低了局部的保护屏障作用，会造成阴道炎。加之卫生护垫的摩擦易引起局部皮肤或毛囊的损伤，发生外阴毛囊炎等疾病。此外，认为使用护垫就不必天天清洗阴部更是错误的。

（4）正确使用卫生巾。使用卫生巾前务必先洗手，以免手上的细菌污染卫生巾；勤换卫生巾，最好能保证每两小时更换一次，以免细菌在卫生巾里滋生，带来健康隐患。此外，还要注意，一定要到正规的商店或超市购买卫生巾，以免买到假货或不合格产品危害健康。

（5）当发现有外阴瘙痒的症状时，切记不要用手搔抓发痒部位，应克服害羞心理，及时到医院妇科检查治疗。

我得了青春期厌食症

我的小烦恼

我叫佳佳,今年16岁,是一个爱美的女孩。有一天,我利用自己攒的零用钱买了一件样式新潮的衣服,却没想到,第一次穿就被班上的一个男同学嘲笑说:"这件衣服倒是挺好看,可是只适合林志玲那样身材的女人,像你这样的胖妞,还是穿T恤吧!"

我听了这话非常生气,发誓一定要减肥到林志玲那样瘦。之后,我就开始节食,每天午饭减半,晚饭不吃,初见成效后,心急的我连午饭也省掉,一周时间就瘦下十斤,更令我开心的是,在熬过几天后我已经感觉不到饿了。

当我终于如愿以偿"减到林志玲那样瘦",决定恢复一日三餐时,竟然发现自己已经吃不下饭了。妈妈带我去医院诊断,原来我患上了"青春期厌食症"。

青春密语：

厌食症是指一个人在较长时间内的食欲减退或消失症状，属于消化功能紊乱的疾病之一。女孩子的青春期厌食症是指在青春期内出现了厌食现象，其最为显著的症状是体重减轻、月经不调、闭经、便秘等，严重者常见体温偏低、贫血、血压降低、脱发等症状。如果体重下降到生病前的35%~40%时，心肌发生变化，还可能导致突然死亡。

青春期厌食症多是由于精神因素所致，属神经性厌食范畴。比如，有的女孩总认为自己太胖，必须限制饮食；或认为越瘦越美，欣赏并追求苗条的身材，因而选择最立竿见影的减肥方式——节食减肥来成全自己的爱美之心。

殊不知，这种减肥方式是得不偿失的。青春期是身体发育的黄金时期，生长发育速度很快，机体对各种营养物质的需求比成年人要高很多，此时，如一味节食，各种营养的摄入量减少，必然无法满足机体生长发育的需求。如果身体长期处于饥饿状态，就会影响组织器官的发育，导致器官功能低下，机体抵抗力下降，容易感染各种疾病。

也许作为女孩的你通常会把脂肪看成好身材的第一大敌，其实，你们最"恨"的脂肪并不完全一无是处，储存适量脂肪是非常有益的。分布于皮下的脂肪有缓冲机械性压力的作用，可以减少骨骼肌肉的损伤，保持体温的恒定，还可以填充骨骼肌肉间的凹陷部分，使机体丰满匀称，皮肤润泽细腻。

健康专家也指出，少女有无月经初潮和月经是否正常，主要取决于体内脂肪的含量，当少女体内脂肪少于标准体重的17％时，就会影响性成熟，以致月经初潮延迟或停经。

总之，青春期是身体积聚能量的重要时期，在此时，企图使用节食的方法减肥也许可以达到预想的效果，但是对身体造成的危害却是永远都难以弥补的。生命在于运动，适量的运动加上科学的饮食搭配才是最正确的减肥方法。

我们再回到纠正青春期厌食症的主题，对于青春期厌食症的治疗，现在一般采取补充营养、心理治疗和精神科药物治疗结合的方法。但是要从根本上解决青春期厌食症的问题，最有效的办法还是预防。

1. 瘦不等于美，美也不等于瘦

很多青春期厌食症的女孩子对进食与肥胖之间的关系有顽固的偏见与病态心理，以致强烈地恐惧变胖而过分节制饮食，以保持所谓的形体美。因此树立正确、健康的审美观无疑是非常重要的。

2. 不要生活在别人的标准中

不能因为别人说自己胖，就失去了对自己身体的客观评价和信心。生活中的主要目标是什么？不是让别人觉得我"瘦"，而是应该追求正常的健康快乐和自我潜力的挖掘发挥。如果过分节食，每天无精打采，根本就谈不上快乐，自然也没有精力去学习、进取，很难取得自我认同。

3. 劳逸结合

合理安排学习和生活，使脑力劳动与适当的体育锻炼相结合。对于正处于生长发育期的孩子来说，控制体重最好的方法是建立良好的生活方式，采用科学的健身锻炼法减掉多余的

> 脂肪。
>
> 　　总之，健康是人生的第一要素，只有首先拥有一个健康的身体，才能去成就生命中其他重要的事情。

我拒绝不了"洋快餐"的诱惑

我的小烦恼

　　我叫娇娇，今年上初一，我特别喜欢麦当劳的汉堡和薯条。几乎每周，我都要和同学光顾麦当劳几次，一边吃汉堡、薯条，一边喝可乐、奶昔，一边和同学聊天，写作业。我觉得："我爱麦当劳，不仅能满足嘴巴的要求，餐厅干净、整洁也是看书的好环境。"

　　不过，妈妈非常反对我吃这些洋快餐，说那些是"垃圾食品"，我觉得我又没天天吃，每次吃得也不多，不会对身体有什么危害。妈妈这不是小题大做么？

青春密语：

娇娇的话说出了大部分孩子的感受。有调查结果显示：超过90%的孩子吃过洋快餐，其中平均每个月光顾洋快餐店一次以上的超过20%。

"肯德基""麦当劳"这些快餐连锁店所出售的快餐，包括汉堡、薯条、可乐、炸鸡等高脂肪、高热量、高胆固醇食品。很多孩子对这些食物百吃不厌，整日里央求父母带自己去"麦当劳""肯德基"就餐，很多父母们则觉得那里环境舒适，卫生条件较好，既然孩子喜欢去，那就去吧！

其实，早在2002年，世界卫生组织就公布了这些快餐含有致癌物的预警信息。中国"两会"期间，有政协委员专门提交议案，建议将严重危害人体健康的"洋快餐"请出国门，或至少应该严格限制其发展。

撇开致癌不谈，"洋快餐"还被营养学家们公认为是高热量、高脂肪、高胆固醇、纤维素少的"三高一少"食品，同时也被称为"垃圾食品"。那么，这"三高一少"会对青春期孩子的身体健康有什么影响呢？

1. 高热量

据测定，一个三层汉堡包中含有1 000千卡的热量；100克炸薯条的热量约为544千卡，相当于一个轻体力劳动者全日所需热量的1/3左右。而现如今的青少年，特别是女孩子，往往没有过多的体力消耗，过剩的热量会引起体内脂肪堆积、血液中的胆固醇、甘油三酯含量迅速增加，容易导致动脉粥样硬化、心肌梗塞、高血压以及脑血栓等疾病，不要以为这些疾病是中老年人的"专利"，青少年也不例外，或者说过量地进食"洋快餐"，容易为这些疾病埋下隐患。此外，青春期孩子如在短期内密集食用高热量食物还可能影响脑力。

2. 高脂肪

长期摄入高脂肪膳食易堵塞动脉血管，还会损害大脑的功能，更容易造成听觉损害而导致听力减退。脂肪本身虽不会致癌，但会促使肝脏胆汁分泌增多，在身体内易形成促癌物质，长期多吃高脂肪食物，会使大肠内的胆酸和中性胆固醇浓度增加，这些物质的蓄积能诱发结肠癌和乳腺癌的发生。

3. 高胆固醇

美国科学家研究发现，汉堡包中含有氧化胆固醇，它能损伤冠状动脉，加速其硬化，诱发心脏病。儿童和青少年常食用这种食品，不仅容易引发"富贵病"缠身，而且患肝癌、肠癌、直肠癌、乳腺癌的概率也会增加。

4. 纤维素少

人类膳食中的纤维素主要含于蔬菜和粗加工的谷类中，有促进肠道蠕动，利于粪便排出等功能。而洋快餐一般都是精制少渣，纤维素含量极低。而纤维素过少，就容易使人体肠道内环境失去平衡，造成大肠不通畅，进而使粪便在大肠滞留，形成便秘。而且，腐败细菌容易对大肠产生刺激，增加人们患大肠癌的概率。

总之，包括汉堡、炸鸡、牛肉饼、炸薯条、可乐在内的"洋快餐"都是真正的"三高一少"食品，以高糖、高热量、高脂肪、少纤维素著称。"三高一少"食品的危害众所周知，其实，早在几年前，美国农业部就向全美的中小学生建议，少吃汉堡包。那么，中国的孩子们，你们是不是也应该理智看待"洋快餐"，向不健康的"洋快餐"说再见呢？

碳酸饮料，害人不浅

我的小苦恼

我叫晶晶，今年13岁，我是班里有名的"小芝麻牙"，因为我的牙齿不但小，而且没有光泽，前面两颗门牙更是小小的。开始妈妈并没在意，以为我只是牙齿不好。但是随着我年龄一点点变大，妈妈也意识到这个问题的严重性。于是，带我去了医院，医生也很奇怪，我的牙齿怎么会变成这样。

医生经过仔细询问，才找出病因。原来，我的牙齿跟我喜欢喝碳酸饮料有关系，因为我平时不喜欢喝水，渴了就喝碳酸饮料，尤其是夏天，天热的时候，更是每天大量饮用。

据此医生判断，长期喝碳酸饮料，把我原本健康的牙齿给腐蚀坏了。

我真没想到，碳酸饮料竟然有如此大的危害，牙齿都能腐蚀掉。我下定决心再也不喝碳酸饮料了，因为我担心我的"小芝麻牙"会被腐蚀没了。

青春密语：

碳酸饮料作为日常生活中最受人们欢迎的饮料之一，以其独特的口感吸引着无数人的味觉。碳酸饮料的主要成分包括碳酸盐、柠檬酸等酸性物质，糖分、香料，有些还含有咖啡因、人工色素等。除了糖类能给人体补充能量外，充气的"碳酸饮料"中几乎不含营养素。不仅没营养，碳酸饮料还会危害人体的健康。

1. 碳酸饮料中所含的二氧化碳影响肠胃消化功能

从科学的角度分析，碳酸饮料的主要成分是二氧化碳，喝起来的时候会觉得很冰凉、很刺激。足量的二氧化碳在饮料中能起到杀菌、抑菌的作用，还能通过蒸发带走体内热量，起到降温的作用。但是，大量的二氧化碳在抑制饮料中细菌的同时，对人体内的有益菌也会产生抵制作用。另外，碳酸饮料释放出来的二氧化碳很容易引起腹胀，降低食欲甚至造成肠胃功能紊乱。

2. 碳酸饮料中所含的大量糖分有损牙齿和脏器健康

科学家近日发现：碳酸饮料是腐蚀青春期孩子牙齿的重要原因之一。很多青春期孩子特别喜欢碳酸饮料的甜味儿，这种浓浓的甜味儿来自于甜味剂。也就是说，碳酸饮料含有大量的糖分。

大量的糖分非常容易损害牙齿表面的保护层——牙釉质。牙釉质是牙齿表面的一种非常坚硬的物质，虽然坚硬，但仍然很容易被酸蚀，而牙釉质一旦受到损害，牙骨质暴露引起龋齿，牙龈酸痛等症状，严重者还会造成牙髓疾病。专家指出：除了碳酸饮料，人们常喝的橙汁对牙釉质也有损害。总之，饮料中含有的各种添加剂、增味剂和有机酸等化学物质，对牙齿有比较强的腐蚀作用。所以，青春期的孩子在日常生活中一定要注意尽量减少饮料和牙齿的接触时间，喝完饮料后及时漱口。

3. 碳酸饮料对骨骼造成不良影响

碳酸饮料中的二氧化碳会引起腹胀，造成肠胃功能紊乱，从而影响人体对钙的吸收和利用。一旦钙缺失，就会影响骨骼发育。对于处在生长关键时期的青春期孩子而言，危害是非常大的。有资料显示，经常大量喝碳酸饮料的儿童和青春期孩子发生骨折的危险性是其他孩子的3倍。

4. 碳酸饮料容易引发"汽水病"

由于过多饮用碳酸饮料而导致人体消化功能减退或紊乱时，人体会出现消化不良、恶心、呕吐、中上腹隐痛、腹胀、腹泻等症状，严重者可见心悸、乏力、尿多，久之还可导致胃扩张、胃下垂。这一系列症状都可称为"汽水病"。此外，"汽水病"还包括以下情况：饮用汽水导致人体体温散发障碍时，会出现发热、头痛等症状；胃部疾病患者饮用汽水不当，会出现剧烈腹痛、严重呕吐等症状，甚至出现急性胃穿孔。

5. 大量饮用碳酸饮料易引发肥胖

碳酸饮料含有大量糖分，过多的糖分被人体吸收，就会产生大量的热量，长期饮用非常容易引起肥胖。最为重要的是，这会给肾脏带来很大的负担，也是引起糖尿病的隐患之一。

综上所述，青春期孩子不宜长期大量饮用碳酸饮料。相对来说，纯果汁饮料营养比较丰富，有的饮料中还有少量果肉沉

> 淀，能够适当补充维生素，比较适合青春期的孩子饮用，不妨用它来代替碳酸饮料。但是，即便是果汁也不能每天都喝，更不能一次性大量饮用。

零食不是不可以吃，要科学合理

我的小苦恼

我在同学眼中，是班上生活得最"潇洒"的。

为什么呢？

因为我渴了就喝饮料，饿了就吃零食。

白开水和米饭对我来说，根本就是可有可无的东西。

可是，潇洒没多久，我的身体出现了问题，体重一天比一天重，而身体却一天比一天没力气。

妈妈带我去医院检查，医生说我的症状是属于严重的营养不良。

"怎么会呢？医生，是不是搞错了，我可是每天都会给她20元钱，她想吃什么就买什么。我看她每天吃好多东西，你看她那么胖，我看营养过剩还差不多。"

医生说："这都是你给她的钱惹的祸，她每天只吃零食，不吃饭。这就是造成营养不良的原因。"

"那我以后一点零食也不能吃了吗?"听了医生的话,我赶紧问道。

"不是不能吃,是要科学合理地吃,才能吃得健康。"

哦,我似懂非懂地点点头。看来,吃零食也是有讲究的。

青春密语:

有的家长往往把吃零食归于不良饮食习惯,不给孩子吃零食。有的家长却一味满足孩子的口味:要什么给什么,每日零食不断。这两种方式都很极端,都不利于孩子的健康成长。

专家指出:零食作为一日三餐外的辅食,只要把握好品种的选择、进食量和进食时机等环节,对促进健康还是有益的。

1. 吃零食能够及时补充能量和营养素

从营养学角度来看,青春期的孩子正处于长身体的特殊时期,对能量和各种营养素的需要量比成年人相对要多,三餐之外再吃一些有益于健康的小食品,能及时为身体发育补充一定的能量和营养素。如核桃,补钙又益智、健脑;杏仁中的微量元素镁较充裕,镁可显著善护心肌,提升心肌舒缩(运动)力;栗子可护肾、暖胃。这些零食都能为孩子及时补充能量和营养素。特别是在不能食用正餐或正餐质量不好时,有零食在手,便可在课间进食,起到临时充饥、保健的作用,因此,书包里不妨常备一些这样的零食。

2. 吃零食能养生防病、健齿美容

一般情况下,多数零食都耐嚼,咀嚼零食可"运动脸",

同时起到锻炼牙齿的作用；吃零食细嚼慢咽，可增加唾液，唾液中的溶菌酶可杀灭细菌，达到"给口腔洗澡"的作用。

3. 吃零食能调节情绪，舒缓压力

美国耶鲁大学的心理学家研究发现，吃零食能够缓解紧张情绪，消减内心压力。在手拿零食时，零食会通过手的接触和视觉，将一种美好松弛的感受传递到大脑中枢，产生一种难以替代的慰藉感，有利于减轻内心的焦虑和紧张。当食物与嘴部皮肤接触时，通过皮肤神经将感觉信息传递到大脑中枢，会使人产生一种能带来欢快感的神经递质多巴胺；当嘴部接触食物并做咀嚼和吞咽运动的时候，可以使人对紧张和焦虑的注意中心转移，最终使身心得以放松。神经科医生常常向人们提出建议，在紧张工作或学习的间隙，吃点零食可以转移人的注意力，使人的精神得到更充分的放松。现代的孩子们在校压力大，通过吃零食来减压也不失为一个好的选择。

由此可见，零食并不是一无是处的，适当食用，还是有益于身心健康的。对于青春期的孩子来说，已经进入了生长发育第二个高峰期——青春期发育阶段。体重、身高增长幅度加大，大脑功能和心理发育进入高峰，身体活动消耗大，学习负担加重，接触社会的机会增多，对食物选择和购买的自主性、独立性更强。对此，家长应及时予以监督管理、教育指导，使其掌握有关营养与健康的知识，保持平衡膳食，以促进健康。具体可从以下两方面做起：

（1）根据运动和学习需要，在正餐之间吃适量零食，但每天食用不要太频繁；在休闲聚会和电脑电视前，要警惕无意识地吃零食过量；特别要提示的是，不要试图以吃零食的方式来

减肥。

（2）认识零食的营养特点，学会选择和购买有益健康的零食。

在零食的选择上，应注意选择对身体有益的零食，卫生部委托编制出版了《中国儿童青少年零食消费指南》，用以正确引导儿童和青少年科学、合理地食用零食，减少和改变不良的零食消费行为，进一步优化和提高孩子的膳食结构与质量，促进儿童和青春期孩子健康成长。

《中国儿童青少年零食消费指南》将孩子们喜欢吃的零食分为10大类，它们分别是糖果类零食、肉类及蛋类零食、谷类零食、豆及豆制品类零食、蔬菜水果类零食、奶及奶制品类零食、坚果类零食、薯类零食、饮料类零食、冷饮类零食。然后，根据每种零食的营养价值、特点以及是否有利于健康等标准，将零食分为三级，即可经常食用、可适当食用、应限制食用。

- 可经常食用的零食

营养素含量丰富，同时是低脂肪、低盐和低糖的食品或饮料。这些食物既可提供一定的能量、膳食纤维、钙、铁、锌、维生素C、维生素E、维生素A等人体必需的营养素，又避免摄取过量的脂肪、糖和盐分。如各种水果、全麦饼干、烤黄豆、纯酸奶、瓜子、松子、榛子、奶制零食等。这些零食属于有益健康的零食，可经常食用。

- 可适当食用的零食

营养素含量相对丰富，但是含有一定的脂肪、添加糖或盐等的食品或饮料。比如：黑巧克力、牛肉干、火腿肠、海苔片、苹果干、葡萄干、香蕉干、鲜奶冰激凌、水果冰激凌等。这些零食以每周食用1~2次为宜。

• **应限制食用的零食**

营养价值低且主要成分为高脂肪、高糖、高盐的食品或饮料，缺乏人体需要的其他营养素，如棉花糖、奶糖、糖豆、软糖、水果糖、水果罐头等。经常食用这样的零食会增加超重与肥胖、高血压以及其他慢性病的风险，因此，这些零食的食用以每周不超过1次为好。

总之，吃零食是孩子包括成年人在内的生理和心理的需要，完全禁零食的摄入并不科学。但是，需要强调的是，零食中所含的营养素远远不如正餐食物中的营养素均衡、全面，绝不能以零食代替正餐，零食只能作为正餐的补充。

心灵的"窗户"怎么变模糊了

我的小苦恼

从小到大，我的视力一直很好，看着班上的同学一个个戴上了近视眼镜，我心想，我眼睛这么好，肯定不会近视的。

高一分班前要摸底考试，为了备考，我和同寝室的女孩在熄灯后就躺在床上打着手电复习，一个月以后，我发现自己看远处的东西看不清楚了。

平时我跟表姐玩得比较好，我把看不清东西的事情跟表姐说了一下。表姐说，不用怕，你这是近视了，正巧我有一副150度的近视眼镜，你戴上试试。我心想，我怎么还能近视呢，但既然已经如此，也没办法，先拿表姐的眼镜凑合用下吧。谁知道过了3个月，那副眼镜也不顶用了。爸爸妈妈带我去医院一查才知道，原来都是那副眼镜惹的祸，本来是假性近视，只是视觉疲劳，如今假性近视已经变成真性近视了。

唉，从此以后我就要变成"四眼"了吗？我很苦恼。

青春密语：

青春期时期，眼睛的生理功能和组织结构与其他时期有不同的特点，此时，眼睛调节力强，球壁伸展性较大，视觉还没有完全发育成熟。这一时期如果不注意用眼卫生，很容易导致视力疲劳，造成视力下降，引发近视及其他视力问题，给自己以后的生活、学习、工作等都带来诸多不便。

有调查显示：目前我国近视率已高居世界第二位，青春期孩子的近视问题更是日趋严重。专家指出，针对青春期孩子近视预防是根本，孩子应该努力做到以下几点。

1. 养成良好的作息和生活习惯

按时学习、休息，生活要有规律，不熬夜，保证充足的睡眠。经常锻炼身体，多进行一些户外活动，保持良好的身体状态，平时坚持做眼睛保健操，每天1~2次，这有利于减轻视力疲劳。

2. 培养良好的用眼习惯，注意用眼卫生

看书时身体要坐正，眼睛和书本保持约33厘米的距离；连续读书、写字50分钟左右，要休息5~10分钟，绿色对眼睛有好处，休息时可多看看草坪树林；不要在光线过强或过弱的地方看书写字，保证室内充足的光线和照明，不要躺着或在摇动的车厢内看书。

3. 要保持足够的营养

为了不断补充人体多种维生素的需要，青春期的孩子们一定要注意营养卫生，不偏食、不挑食、不暴饮暴食，多吃水果、蔬菜，少吃糖，尤其要保证对眼睛有益的营养素的食物摄入，补充有利于维持正常视力的营养物质，可以多吃富含维生素A的食物，如各种动物肝脏、鱼肝油、鱼卵、禽蛋、胡萝卜、菠菜、苋菜、苜蓿、红心甜薯、南瓜、青辣椒等。同时要避免铬、锌等微量元素的缺乏，如人体铬、锌含量不足，也容易诱发近视。可多吃一些含锌、铬较多的食物，如黄豆、杏仁、紫菜、海带、黄鱼、奶粉、茶叶、羊肉、牛肉等含锌和铬较多，可适量增加。

4. 注意看电视、用电脑的时间不要过长、距离不要过近

每次看电视、用电脑时间不可过长，约1个小时要远眺一会儿，距离电视机、电脑也不宜过近，距电视屏幕须在3米以上，距电脑屏幕最好在50~60厘米为宜。另外，电视、电脑屏幕要设置成柔和的有利于眼睛的颜色和亮度，画面的亮度和颜色不可过于刺眼。

5. 积极参加户外活动与体育锻炼，增强体质

积极参加户外活动可以起到放松眼睛的作用，同时，机体素质的好坏与青春期孩子近视眼的发生也有密切关联。比如说，患急慢性传染病、体质虚弱的孩子患近视眼的概率更高。

6. 要定期检查视力

定期检查自己的视力，一旦发现视力下降，就要及时到医院就诊，预防近视。青春期孩子最初近视往往是假性近视，而假性近视可以通过治疗得以恢复，真性近视则难以恢复，应及时配戴眼镜加以矫正，防止视力进一步下降。

总之，青春期的你只要从以上几个方面加以注意，就会保护好自己的一双眼睛，远离近视等各种视力问题。眼睛是心灵的窗户，提高爱眼护眼意识，科学预防近视，是每个青春期孩子不可忽视的事情。

优质睡眠是必不可少的"营养"

我的小烦恼

我叫欢欢,正在上初中,我们学校实行初三分流班制度。初二期末,学校重新分班,因为成绩突出,我被分到了A班。新的班主任要求特别严格,我一下子适应不了,一整天精神都处于紧绷状态,直到晚上睡觉,仍然放松不下来,脑子也变得异常兴奋,总是在想白天的学习情景,包括白天做过的题,老师留的作业,满脑子感觉都要爆炸了,想不去想,却又控制不了,每天总要弄到很晚才睡。

次日早上一醒来,跳入大脑的第一个感觉就是:我昨晚觉得自己没睡好。接着,就开始担心白天上课会无精打采,会注意力不集中,会造成学习效率低……越想就越担心,白天上课果然就真的没精神。这种消极暗示又导致晚上睡不着,越睡不着就越担心。一连数日,都是这样度过,这样,一个恶性循环就形成了。我快要崩溃了,我该怎么办呢?

青春密语：

睡眠对于我们每个人来说，就像空气、阳光、水一样，是必不可少的。一个人生命三分之一的时间都是在睡眠中度过的，睡眠质量差可诱发多脏器疾病，严重威胁身体健康。

早在战国时，名医文挚就曾提出过睡眠的重要性，他说："我的养生之道是把睡眠放在头等位置，人和动物只有睡眠才能生长，睡眠帮助脾胃消化食物。所以睡眠是养生的第一大补，人一个晚上不睡觉，其损失一百天也难以恢复。"

清代的李渔也曾指出："养生之诀，当以睡眠居先。睡能还精，睡能养气，睡能健脾益胃，睡能坚骨强筋。"

由此可见，睡眠的重要性，可是，目前来看，许多孩子都有熬夜学习的习惯，也有些孩子因为各方面原因导致失眠，但失眠并不像感冒发烧一样有显著的特征，因此不太容易引起注意，甚至很多学生和家长还认为，"夜间安静，人也很精神，学习效率高""只要孩子是在学习，晚睡一会没有关系"。殊不知，以牺牲睡眠换取学习时间是得不偿失的，长期熬夜会对青春期孩子的健康带来很大影响，还有可能引起各种疾病，优质的睡眠对于青春期女孩来说至关重要。

1. 优质睡眠有助于消除疲劳，恢复体力

睡眠是消除身体疲劳的主要方式，睡眠期间，胃肠道功能及其有关脏器会制造合成人体所需的能量物质，以供活动时使用。另外，睡眠时全身基础代谢率降低，能量消耗减少，同时人体合成代谢超过分解代谢，使各组织消耗能量得到补充，为消除疲劳、体力恢复提供能量。

2. 优质睡眠有助于保护大脑，恢复精力

睡眠不足者，常可表现为烦躁、激动、精神萎靡、注意力涣散或记忆力减退等，长此以往，还会导致出现幻觉。而睡眠充足者，精力充沛，思维敏捷，学习效率也很高，这是因为，大脑在睡眠状态下耗氧量大大减少，有利于脑细胞能量的储存。因此，睡眠有利于保护大脑，恢复精力。

3. 优质睡眠有助于促进生长发育

睡眠与生长发育密切相关，这是由于睡眠时生长激素分泌，也可促进蛋白质合成，有利于组织修补。提高人体的免疫功能。相反，睡眠不足会引起人心理、生理一系列的变化，不利于身体的生长发育。

4. 优质睡眠有助于增强免疫力，康复机体

人体在正常情况下，能对侵入的各种抗原物质产生抗体，并通过免疫反应而将其清除，保护人体健康。睡眠时由于内分泌发生一系列变化能增强机体产生抗体，从而提高人体抵抗疾病的能力。同时，睡眠还可以加快各组织器官的自我康复，现代医学中常将睡眠作为一种治疗方法，用来帮助患者度过最痛苦的时期，以利于疾病的康复。

5. 优质睡眠有利于青春期孩子的心理健康

睡眠对于青春期孩子的心理健康也是很重要的，它可以维护人的正常心理活动，因为即使短时间的睡眠状态不佳，也会导致注意力涣散等情况的出现，而长时间睡眠不佳则可导致一系列的心理问题，如精神不振、抑郁等。

因此，对于青春期的女孩们来说，优质睡眠是你们必不可少的"营养"。

生命在于运动，我运动，我健康

我的小苦恼

我们班的同学都叫我"小胖子"。哎，我是班里最胖的一个女孩儿，被取个"小胖子"的外号，真不是什么光彩的事。

从小到大，我就不喜欢运动。我喜欢躺在床上看书，喜欢窝在沙发上看电视，还喜欢对着电脑玩游戏。

好友花花说："你不胖才奇怪呢！一天到晚，得空不是躺着就是坐着，从来不见你运动。你的胖完全就是你自己造成的，缺乏锻炼，久坐不动。"

"我也不想这样啊，可是我稍一运动就累得不行，浑身是汗。"

"你慢慢来，首先要养成运动的好习惯，当你坚持锻炼一段时间后，你的体重自然会慢慢减轻，到时候你不但身材变漂亮了，而且身体也健康了，何乐而不为呢？"

听了好友花花的话，我也憧憬着自己未来的美丽身材，但是一想到每天要锻炼，我还是很苦恼，如果有什么好的办法能让我马上变瘦并健健康康的就好了。

青春密语：

2003年，全国学生体质健康调研结果显示：我国学生中慢性病的危险因素在增加，如体能素质、肺活量水平下降，肥胖学生明显增加，究其原因均与缺乏运动有关。

生命在于运动，保持脑力和体力协调是预防和消除疲劳、保证健康长寿的重要因素。运动还能增强心肺功能，促进血液循环；增加骨质密度，预防骨质疏松；增加筋骨灵活性，减少受伤的机会；增强身体的免疫力，更有效地抵御各种疾病的侵袭。有研究显示，每天30分钟中等强度的运动是预防疾病的最小运动量。

运动不仅有利于生理健康，还是心理健康的保障。事实上，运动对于心理健康的重要性，绝不亚于对身体健康的重要性。

青春期的很多心理不适是由于紧张、焦虑引起的。因为学习的压力很大，青春期的孩子们大部分时间都在看书、听讲、写作业，主要进行的是脑力活动，而较少有体力活动，这种状态使得大脑内的一部分细胞长期处于工作和兴奋状态，而另一部分细胞则长期处于休眠和抑制状态，这种不平衡，就会影响到学习的效率，引起失眠，甚至会引起精神上的焦虑和抑郁。通过一些运动方式，调理呼吸，放松身体，这时内心的压力也会随着身体的放松而得到缓解，从某种程度上说，运动可以起到驱除忧虑、舒展身心、焕发精神的作用，甚至可以说，烦恼的最佳"解毒剂"就是运动，正如某位美国专家所说，"没有人能在爬山或在健身房做激烈运动的时候，还对什么不快之事耿耿于怀"。

另外，运动还可以使你结交更多的朋友，而与人交流并建立良好的人际关系是心情愉快的一个重要影响因素。

总之，体育锻炼对于青春期的孩子来说是必不可少的，因此平时要加强体育锻炼。专家提示，在锻炼时，需要注意以下这些问题。

1. 体育锻炼要循序渐进

人不能一口吃成个胖子，体育锻炼也不是一天两天就能有明显效果的。有的青春期孩子心血来潮，下定决心运动后就靠突击、盲目地增大运动量试图达到运动目的，殊不知，这不但收不到应有的效果，还容易使自己的身体器官受伤。因此，不管是参加何种体育锻炼，都要有个循序渐进的过程，要做到运动量由小到大，运动强度由弱到强，技术难度由易到难，要随着锻炼时间的延续，逐步增大运动量和运动强度，以及运动项目的难度。

2. 体育锻炼要持之以恒

体育锻炼贵在持之以恒，"三天打鱼，两天晒网"是达不到好效果的。美国著名运动医学专家库珀博士指出："如果你不能坚持有规律的运动，那与不运动无异。"偶尔运动几次，无论对维持还是增加体力都不会有太大改善，也无助于提高器官机能。只有经常地反复地进行运动，才能使运动效果逐步巩固，使各系统器官的功能逐步改善，从而增强体质，达到健身的目的。因而，一定要坚持锻炼，应把运动锻炼作为自己日常生活的一部分，就像吃饭、喝水、睡觉一样必不可少。在一周的大部分时间（不少于每周5天），至少每天应该坚持运动30分钟以上。

3. 每次锻炼要有准备活动和整理活动

锻炼开始前要做适当的准备活动，以逐步提高心血管、肌肉骨骼等的活动水平，同时消除肌肉、关节的僵硬状态，减少外伤的发生。锻炼后的整理活动同样重要，它可使神经系统由紧张恢复到安静，以防止"运动性休克"的发生。

4. 体育锻炼要多样、全面，多选择有氧运动

锻炼的项目要多种多样，以使自己全身各部分都能得到锻炼，从而均衡地发展。建议多选择有氧运动。因为，进行有氧运动时，能量充分利用，代谢产生物是水和二氧化碳，二氧化碳通过呼吸可以很容易地排出体外，对人体无害。而进行无氧运动时，代谢产物是丙酮酸、乳酸等，不能通过呼吸排出，容易堆积在细胞和血液中形成"疲劳毒素"，人会感到疲乏无力、肌肉酸痛、呼吸、心跳加快，严重的还会出现心律失常、酸中毒，并增加肝肾负担。显然有氧运动好于无氧运动。适合青春期孩子的有氧运动有快步走、慢跑、轻松打球而非竞赛（如排球、乒乓球、网球、羽毛球等）、休闲游泳、骑自行车、做健身操等。

生活方式多形成于人的生命早期并影响人的一生。青春期时养成的体育锻炼模式很可能会终生保持，因此也就为积极健康的生活奠定了基础。相反，年轻时养成不健康的生活方式，包括不爱运动也会伴随人的一生。

所以，青春期的女孩们，为了你的健康，为了现在、未来、一生的健康，现在就不要为自己不运动再找理由和借口了，走出你的房间，开始运动吧！